Neuengland
Boston

Onno Reiners (Text) · Jörg Modrow (Fotos)

EINLEITUNG

Die gute alte Neue Welt

Neuengland gilt bei den Amerikanern als Wiege der Nation. Hier wurde die erste Verfassung geschrieben und mit Boston die älteste Stadt Amerikas gegründet. Sorgsam pflegt die Region ihre Traditionen, ihre Dörfer und Kleinstädte (Foto: Maple Hill Farm in Hallowell). Besonders schön ist Neuengland im Herbst, wenn ein bunter Blätterteppich die Bilderbuchlandschaft schmückt..

Man könnte sie fast übersehen, die sechs Bundesstaaten, die sich im äußersten Nordosten der USA zwischen dem Moloch New York und der kanadischen Grenze verstecken. Zusammengenommen bilden diese für amerikanische Verhältnisse winzigen Staaten die Region Neuengland.
Hier landeten die Europäer zuerst in der Neuen Welt: Lange vor Kolumbus betraten vermutlich die Wikinger in Neuengland den unbekannten Kontinent. Im

Schauplatz der Boston Tea Party: »Beaver II«

16. und 17. Jahrhundert kreuzten immer häufiger Entdecker vor der neuenglischen Küste auf. Am folgenreichsten war der Besuch des Abenteurers und Entdeckers John Smith, der schon 1607 bei der Gründung von Jamestown im heutigen Virginia eine führende Rolle gespielt hatte. 1614 bereiste er die neuenglische Küste im Auftrag von Londoner Kaufleuten. Sein Bericht »A Description of New England« war die erste ausführliche Beschreibung der Region. Großzügig vergab er englische Ortsnamen, und so ergab es sich von selbst, daß er das Territorium Neuengland nannte. Da sein Bericht eine Auftragsarbeit war, fiel er naturgemäß positiv aus, wohl auch, um Arbeitskräfte für die Handelsgesellschaft in das neue Territorium zu locken. Er pries die weiten Wälder, die »vorzügliches Holz zum Haus- und Schiffsbau« boten, und wurde nicht müde, den Fisch-, Wild- und Obstreichtum hervorzuheben. Besonders der Küstenstrich der Massachusetts-Indianer hatte es ihm angetan, weil er ihn an die Küste von Devonshire erinnerte.
»Gottgefällige Aufgaben« sah er allerorten, denn »...was gibt es Gottgefälligeres, als die Wilden versuchen zu bekehren ... und die Unwissenden aufzuklären, Ungerechtigkeiten aus der Welt zu schaffen, Tugend zu predigen und für unser Mutterland ein neues Reich zu errichten?« Hehre Ziele, doch die Puritaner, denen er seine Dienste anbot, wollten ihn nicht. Er starb 1631 in London, als die Puritaner sein »gottgefälliges und ehrenhaftes« Programm in Neuengland in die Tat umzusetzen begannen, nachdem 1620 die Pilgerväter bei Cape Cod von Bord der »Mayflower« gegangen waren und ein neues Leben begonnen hatten. Sein Bericht und seine Karten waren ihnen dabei eine große Hilfe.

Hier wollten die Puritaner eine Utopie verwirklichen

Für die Puritaner war der Name Neuengland kein sentimentales Wortspiel, sondern politisches Programm. Sie hatten sich mit ihrem Wunsch, die englische Staatskirche von katholischen Resten zu »purifizieren«, also zu reinigen, zu Feinden der Krone gemacht. Neuengland war für sie die weltpolitische Bühne, auf der sie ihre religiöse Utopie verwirklichen und so ein »neues England« schaffen wollten.
Doch der Traum wurde zum Alptraum: 1692 wurden 20 Gemeindemitglieder aus dem Umland von Salem als vermeintliche Hexen hingerichtet. Das führte zu einem jähen Erwachen aus allzu großem Religionseifer. Salem wurde landesweit zum Symbol für Engstirnigkeit und Intoleranz. 150 Jahre später arbeitete einer der großen Schriftsteller Neuenglands, der in Salem geborene Natha-

Boston ist die wichtigste Metropole Neuenglands. Sie ist jung und alt zugleich: Als »Wiege der Nation« besitzen die Stadt und ihre Umgebung zahlreiche Schauplätze von historischer Bedeutung. Keine andere Metropole Nordamerikas hat sich mehr europäischen Charme bewahrt. Aber Boston ist nicht in der Vergangenheit stehengeblieben: Die eleganten gläsernen Hochhäuser des Finanzbezirks und die vielen renommierten Universitäten und Forschungseinrichtungen symbolisieren das andere, junge Boston, das nach Jahren der Stagnation den Sprung in die Zukunft geschafft hat.

Wampanoag-Powwow auf Cape Cod (unten)

Im Hafen von Plymouth dominieren heute Sportboote (unten)

Boston: Blick auf die Longfellow Bridge und die Skyline der Back Bay mit dem Hancock Tower

Die Büffelei hat ein Ende, die Karriere beginnt: Graduiertenfeier am renommierten MIT in Cambridge

Boston: Old State House von 1713

niel Hawthorne, dieses dunkle Kapitel in seinem Roman »Der scharlachrote Buchstabe« auf.

Kirche und Staat trennten sich in der Folge der Hexenprozesse, Neuenglands Bewohner wandten sich weltlichen Dingen zu. Denn göttliche Erlösungsgewißheit konnte sich nach puritanischem Glauben auch in wirtschaftlichem Wohlergehen offenbaren. So entwickelten sich Geschäftssinn, Erfindergeist, Sparsamkeit und Tugendhaftigkeit zu neuenglischen Charakterzügen. Schnell war die Karikatur vom pfennigfuchsenden und umtriebigen »Yankee« geboren.

Zumindest teilweise war es auch die Sorge um den eigenen Geldbeutel, die die Neuengländer zur Revolte gegen die britische Krone und ihre zahlreichen Steuern trieb. Was mit der »Boston Tea Party« am 16. Dezember 1773 als handfester Protest gegen die Teesteuer begann, endete 1783 mit der Anerkennung der Unabhängigkeit der Kolonien im Frieden von Paris. Fortan durfte sich Neuengland die »Wiege der Nation« nennen.

Wirtschaftsboom durch Sklaven, Wale, Überseehandel und Industrie

Die »Yankees« sorgten auch dafür, daß Neuengland im 19. Jahrhundert zum führenden Wirtschafts- und Handelszentrum der jungen Nation wurde. Allen moralischen Vorbehalten zum Trotz mischte Neuengland im 18. Jahrhundert tüchtig beim Sklavenhandel mit. Newport besaß eine der größten Sklavenhandelsflotten. Und Boston wurde der weltgrößte Produzent von Rum, der »Hauptwährung« für afrikanische Sklaven. Neuengland war mit seinen bis zu 736 Schiffen, die aus den Häfen zwischen Connecticut und Maine über alle Ozeane kreuzten, Zentrum des weltweiten Walfangs. Zusammen mit dem Überseehandel ließ er gewaltige Gewinne in die Schatullen von Reedern und Kaufleuten wandern. Und als die Slater Mill 1793 den mechanischen Webstuhl in Pawtucket einführte, wurde die industrielle Revolution in den USA eingeläutet.

Dem wirtschaftlichen Aufschwung folgte eine kulturelle Blüte. Boston galt als das »Athen Amerikas«. Dort befanden sich die wichtigsten Universitäten und Verlagshäuser, dort lebte die intellektuelle Elite der Nation. Nathaniel Hawthorne, Henry James, Ralph Waldo Emerson, Herman Melville, Harriet Beecher Stowe

Dann ist Neuengland am schönsten: Indian Summer am Deerfield River

Martha's Vineyard: viktorianische Holzhäuser in Oak Bluffs

Sommerhütten in Provincetown (unten)

und Henry David Thoreau prägten von Neuengland aus die amerikanische Kultur. Mit einigem Recht fühlte sich Boston als »Zentrum des Milchstraßensystems«. Im 19. Jahrhundert jedoch begann die wirtschaftliche Basis brüchig zu werden: Der Sklavenhandel war verboten worden, Petroleum ersetzte das Walöl, und Dampfschiffe verdrängten die Segelschiffe; viele Werften mußten aufgeben. Spätestens mit der Abwanderung der Textilindustrie Anfang des 20. Jahrhunderts in die »billigeren« Südstaaten war die wirtschaftliche Anpassungsfähigkeit Neuenglands überfordert. Die Region verkam zum »rust belt«, zum Rostgürtel, der bald den gesamten Nordosten überzog.

Neuer Wohlstand durch High-Tech und Elite-Bildung

Doch die Region besann sich auf ihre alten Qualitäten. Bildung und Wissen wurden als Standortvorteile wiederentdeckt: Neuengland besitzt eine im Land einmalige Konzentration universitärer und traditionsreicher Karriereschmieden mit klingenden Namen wie Harvard, Yale oder Brown University. Die heute über 50 Forschungs- und Lehreinrichtungen allein im Großraum Boston dokumentieren die hohe Wertschätzung der Bildung durch die puritanischen Gründergenerationen. Besonders während der »Roaring Eighties« zog es deshalb viele High-Tech-Unternehmen nach Neuengland zu den frischgekürten Elite-Absolventen. Das »Wunder von Massachusetts« hieß das Phänomen in Boston, als sich direkt neben idyllisch herausgeputzten Ortschaften Unternehmen niederließen, die sich auf Computer, Elektronik, Aeronautik, Medizin oder Präzisionsmaschinen spezialisiert hatten.

Timothy Dwight, Präsident der Yale University, notierte Ende des 18. Jahrhunderts auf einer seiner Neuengland-Exkursionen, die neuenglischen Dörfer mit ihren Holzhäusern, Kirchen, Wiesen und Gärten seien »einer der schönsten Anblicke, den diese Welt biete«. 200 Jahre später gibt ihm der Zustrom einheimischer und europäischer Besucher recht. Dwight würde sich heute die Augen reiben ob der vielen schmucken Dörfer und Kleinstädte, die darum wetteifern, wer wohl traditionsbewußter sei. Viele Ortschaften erhielten in den letzten hundert Jahren ein »nostalgisches Facelifting«.

Altenheim der Kriegsschiffe: Battleship Cove in Fall River

Die »Summer Cottages« von Newport sind Denkmäler des Geldadels

Verlassener Hof in den Litchfield Hills

Die fast 400 Jahre währende neuenglische Geschichte wird vielerorts sorgsam gepflegt. In den sechs Staaten der Region gibt es zahlreiche Freilichtmuseen, viele Dörfer und Städte versuchen, ihr historisches Erscheinungsbild zu bewahren. Und selbst dort, wo nichts geschieht, kann in der neuenglischen Bilderbuchlandschaft der Verfall seinen Charme entfalten.

Viele Häuser verloren ihre viktorianischen Schnörkel und ihre Vielfarbigkeit, um in dezentem Weiß die gepflegte Schlichtheit der kolonialen und revolutionären Architektur wiederauferstehen zu lassen. Die parkähnlichen und fotogenen Dorfanger, die einst für das Andachtshaus der Gemeinde angelegt worden waren, hatten nichts mehr mit den unansehnlichen Nutzflächen zu tun, die bis dahin den Dorfkern prägten. So geschehen zum Beispiel in Litchfield, einem der meistbesuchten neuenglischen Bilderbuchdörfer. Auch die weißen Kirchturmspitzen, die wie Leuchttürme im wogen-

Gedeckte Brücke im Bilderbuchdorf Woodstock

den Grün der Vegetation die nächste Ortschaft ankündigen, sind eine Ergänzung des 19. Jahrhunderts.

Heute ist es gerade der verschwenderische Umgang mit weißer Hausfarbe, der für die reizvollen Farbkontraste sorgt, die Natur und Häuser besonders im Herbst bieten. Denn im September und Oktober explodiert das sommerliche Grün der neuenglischen Laubwälder in eine grandiose Farborgie aus Rot-, Gelb- und Brauntönen. Dann ist Hauptsaison in Neuengland und mehrere Info-Hotlines steuern die begeisterten »leaf peepers«, die Blattgucker, dorthin, wo die Bäume gerade am buntesten sind.

Eine Region im Farbenrausch – die zudem ihren eigenen landschaftlichen Charakter hat: Auf einer Fläche, die etwa dem Staat Washington entspricht, finden sich weite Sandstrände, gewaltige Dünen, buchtenreiche Schärenlandschaften, eiszeitliche Seenplatten, weite Wälder, schroffe Granitmassive, sanft geschwungene Mittelgebirge und die einsamen Hochplateaus von Vermont. Allein im Südosten Connecticuts mag man sich unvermittelt an den Südwesten der USA

Hunderte von Inseln, zahlreiche Buchten und Seitenarme prägen den Lake Winnipesaukee

Steilküste im Acadia National Park auf Mount Desert Island

Ausgedehnte, tiefgegliederte Küsten, reich modellierte Landschaften, Tausende sauberer Flüsse und Seen: Neben seiner Geschichte ist die Natur Neuenglands wichtigster Aktivposten. Und gerade das fotogene Zusammenspiel von Natur und Kultur macht den besonderen Reiz dieses Landstrichs aus.

Mit einer alten Zahnradbahn gelangt man bis auf den Mount Washington

Holzkirche im beliebten Wintersportort Stowe

Landidylle à la Vermont: Scheune in den Green Mountains bei Wilmington

erinnert fühlen: Zwei riesige Kasinos scheinen Las Vegas den Rang ablaufen zu wollen. Doch hier geht es gediegener zu, ohne marktschreierische Leuchtreklame. Man ist schließlich in Neuengland. Ihre Betreiber sind Indianer, die einst mit grausamer Härte verfolgt und vertrieben wurden, als purer Landhunger die Illusion eines friedlichen Zusammenlebens von Weißen und »edlen Wilden« zerstörte. Heute kehren viele der meist assimilierten neuenglischen Ureinwohner in die Reservate ihrer alten Heimat zurück, wo sie Kasinos betreiben dürfen. Der frontale indianische Angriff auf die Geldbeutel der meist weißen Besucher ist ein später Test der »multikulturellen« Fähigkeiten der ehemaligen europäischen Eroberer. Der Erfolg dieser Glücksspielburgen jedenfalls wird in der weißen Nachbarschaft mit Gefühlen zwischen Anerkennung und Neid aufgenommen.

Den Yankee gibt es nicht mehr, aber den neuenglischen Mythos

Und die Menschen? Gibt es noch den Yankee, den Inbegriff des typischen Neuengländers? Ist es der Farmer aus Vermont mit seiner Baseballmütze und dem karierten Flanellhemd? Der nadelgestreifte Manager eines Bostoner Versicherungskonzerns? Oder der hispanische Einwanderer, der seit Generationen vom Tabakanbau im Tal des Connecticut River lebt? War das Etikett vom Yankee, dem geschäftstüchtigen, hart arbeitenden, erfindungsreichen, durchtriebenen Neuengländer jemals mehr als ein Klischee? Der Puritanismus, dem man diese Tugenden zuschreibt, ist heute einem moderaten Protestantismus gewichen. Mehr noch, die puritanischen Kolonien sind heute mehrheitlich katholisch. Doch Individualismus, Bildungsglaube und Stolz auf die neuenglische Geschichte gelten über alle Konfessionsgrenzen hinweg. Man lebt schließlich in der Heimat von Paul Revere, Samuel Adams und John Hancock, geistige »Rädelsführer« der amerikanischen Revolution, ohne die vielleicht immer noch der Union Jack über den amerikanischen Amtsstuben wehen würde. Deshalb ist es nur recht, wenn das höchste Gebäude Neuenglands den Namen John Hancocks trägt. Wer als Bier ein »Sam Adams« bestellt, sollte nicht vergessen: In ihm gärt nach wie vor eine wohlschmeckende Dosis neuenglischen Unabhängigkeitsgeistes.

BOSTON Das urbane Herz Neuenglands

»Nabel der Welt« wollte Boston einmal werden. Soweit ist die Stadt am Charles River nicht gekommen, aber immerhin stieg sie zur bedeutendsten Metropole Neuenglands auf. Dabei hat Boston mehr europäischen Charme bewahrt als andere US-Großstädte. Vergangenheit und Gegenwart bilden hier eine reizvolle Symbiose (gr. Foto: Old State House; kl. Foto: Graduiertenfeier MIT).

Markanter Punkt: Spitze des Custom House

Die historischen Hallen des Quincy Market sind seit ihrer Restaurierung ein Besuchermagnet

Die Old City Hall entstand 1862

Union Street: Das »Union Oyster House« von 1742 ist das älteste Restaurant in Boston

Schwanenboote im Public Garden (unten)

So, als wollten sie den kulturellen und wirtschaftlichen Führungsanspruch unterstreichen, laufen fast alle Autobahnen in Neuengland sternförmig auf Boston zu. Doch Boston ist nicht nur das urbane Gravitationszentrum im neuenglischen Universum, Boston ist auch eine Geisteshaltung.

Die Stadt war bereits 150 Jahre alt, als sie zur «Wiege der Nation« wurde. Hier wurde die Nabelschnur zum Mutterland Großbritannien durchtrennt. Boston stieg auf zum »hub of the solar system«, zum »Nabel der Welt«, wie der Schriftsteller William Dean Howells Ende des 19. Jahrhunderts die Stadt am Charles River einmal nannte. Nicht ganz zu Unrecht, denn Sendungsbewußtsein, Tradition sowie kulturelle und wirtschaftliche Leistungen rechtfertigten durchaus die lokalpatriotische Selbstgefälligkeit gegenüber dem Rest der Nation, die man heute gerne den New Yorkern nachsagt.

Widerstandsnest gegen britische Kolonialherren

Trimountain hieß der kleine Flecken zunächst, weil er 1630 auf drei Hügeln der mückenverseuchten Halbinsel Shawmut gegründet wurde, wo es eine geschützte Bucht und eine Trinkwasserquelle gab. Der Siedlung stand eine große Zukunft bevor: Sie sollte eine für alle sichtbare »Stadt auf dem Hügel« sein, ein neues Jerusalem, das dem alten Kontinent seine Verderbtheit vorhalten sollte. Diese Vision der puritanischen Siedler um den Stadtgründer und ersten Gouverneur der Massachusetts Bay Colony, John Winthrop, blieb frommer Wunsch. Doch Boston löste Winthrops Abkehr von Europa zumindest auf politischer Ebene ein: Boston wurde zum entscheidenden Widerstandsnest gegen die britischen Kolonialherren.

Aus Boston kamen die Rädelsführer der Revolte wie Paul Revere. Er hatte am 18. April 1775 den Führern der Unabhängigkeitsbewegung in Lexington die Nachricht vom bevorstehenden Angriff der britischen Truppen überbracht. So wurde der Kundschafter zum Nationalhelden. In Boston fand auch die berühmte Boston Tea Party statt. Wie im Dezember 1773 kann man sich auch heute als Indianer verkleiden und »Teekisten« aus Protest gegen die Teesteuer im Hafenbecken versenken.

1770 hatte der Widerstand im sogenannten Boston Massacre seine ersten »Märtyrer«, als eine englische Wache in eine Gruppe von Demonstranten schoß. Boston war schließlich der Ort, wo 1776 eine der ersten öffentlichen Proklamationen der amerikanischen Unabhängigkeitserklärung stattfand. Welcher Platz war dafür geeigneter als der Balkon des eleganten Old State House, wo früher die britische Kolonialregierung hofgehalten hatte?

Startpunkt des Freedom Trail: Boston Common (unten)

Wie eine grüne Oase im Backsteinmeer präsentiert sich der Boston Common. Er ist die grüne Lunge der Stadt. Dieser schlichte »Dorfanger« ist nicht nur der älteste Park der USA, sondern auch der größte unter den zahlreichen »Commons« in Neuengland. Außer mit Denkmälern und einem Friedhof ist er nie bebaut worden und steht seit 1830, als Kühe hier nicht mehr weiden durften, hauptsächlich denjenigen zur Verfügung, die Ruhe und Erholung vom städtischen Trubel suchen. Später wurde der Common um den ersten botanischen Garten der USA, den Public Garden, ergänzt. Sein optisches Wahrzeichen sind die Schwanenboote. Vom Common sind es nur kurze Wege zu den wichtigsten Sehenswürdigkeiten der Stadt.

Historische Premieren im »Athen Amerikas«

Zusammen mit der ebenfalls von Winthrop 1630 als Newtown gegründeten Nachbarsiedlung Cambridge mauserte sich Boston im 19. Jahrhundert zum »Athen Amerikas«. Noch heute präsentieren diverse Broschüren stolz die Liste historischer Premieren, die Boston und Cambridge bis in alle Zukunft einen Ehrenplatz in der amerikanischen Geschichtsschreibung garantieren.

In Cambridge wurde 1636 mit dem Harvard College der Grundstein für das höhere Bildungswesen der USA gelegt, in Boston gab es die ersten Arbeitervereine, die erste Zeitung, wurden die erste U-Bahn und das erste Baseball-Stadion errichtet. In Cambridge wurde der erste Computer in Betrieb genommen, in Boston die erste öffentliche Bibliothek.

Bostons Aufstieg bekam im 19. Jahrhundert durch den Zustrom europäischer Einwanderer weiteren Schub. 1850 war nur noch jeder zweite Bostoner gebürtiger Amerikaner. Insbesondere Iren kamen in die Stadt, nachdem Irland infolge einer Kartoffelfäule um die Mitte des 19. Jahrhunderts unter einer dramatischen Hungersnot zu leiden gehabt hatte. Wie keine andere Einwanderergruppe verstanden es die Iren, Parteien und öffentliche Ämter für ihre Interessen zu nutzen – eine Gegenreaktion auf die offene Diskriminierung dieser meist armen Katholiken durch das protestantische Bürgertum. »Irish need not apply« (»Iren brauchen sich nicht zu bewerben«), lautete damals die lakonische Notiz an vielen Fabriktoren.

Unvergessen bleibt die jahrzehntelange und hemdsärmelige Herrschaft der irisch dominierten Demokratischen Partei unter dem auch »Mussolini« genannten Bürgermeister James Michael Curley. Seine Art der Vetternwirtschaft brachte Boston in den fünfziger Jahren des 20. Jahrhunderts an den Rand des wirtschaftlichen Ruins. Dafür sorgte ein anderer irischstämmiger Bostoner für Glanz, von dem die ganze Nation profitierte: John F. Kennedy, der Harvard-Absolvent, der in Massachusetts seine politische Karriere begann.

Eine Stadt im Griff der »Irish Connection«

Wie in vielen anderen Städten Amerikas blieben die ethnischen Grenzen zwischen den verschiedenen Stadtteilen erhalten. Wie die italienischen und chinesischen Bostoner, so pflegten auch die Iren »ihren« Stadtteil. In South Boston feiern sie jährlich den Schutzheiligen Irlands mit einer St.-Patrick-Day-Parade. Als Schulkinder Anfang der siebziger Jahre per Bus in Schulen anderer Stadtteile gefahren wurden, um die Rassenintegration zu fördern, kam es zu gewalttätigem Widerstand gegen dieses »school busing«. Die von einzelnen Ethnien geprägten Stadtteile wollten möglichst wenig miteinander zu tun haben.

Sich gegen andere, Fremde, abzuschotten, das hat es in Boston schon früher gegeben. Auf dem Boston Common, heute die verkehrsumtoste grüne Oase der Stadt, einst Kuhwiese, Exerzierplatz und sozialer Treffpunkt, standen Galgen und Pranger, haben Bostons Puritaner

South Boston: typische Reihenhausarchitektur aus roten Backsteinen

Newbury Street: Bostons älteste Shopping-Meile bietet reichlich Gelegenheit zum Entspannen

Andersdenkende traktiert. Zum Beispiel die Quäkerin Mary Dyer, die 1660 am Galgen starb und der heute ein Denkmal vor dem State House gewidmet ist. Die Intoleranz schlug nach diesen Auswüchsen um: Man konzentrierte sich nun darauf, religiöse Erlösungsgewißheit in weltlichem Erfolg und gottgefälligem Lebensstil zu suchen.
Handel, Sparsamkeit, Tugendhaftigkeit und Erfindergeist brachten Boston und Neuengland wirtschaftlichen Erfolg. Es war ein weiterer berühmter Bostoner,

Nächtliche Skyline der Back Bay

nämlich Benjamin Franklin, der in seinen Schriften das Hohelied der Sparsamkeit als Weg zu gottgefälligem Reichtum sang. In dieselbe Kerbe schlug Horatio Alger mit seinen im 19. Jahrhundert in Boston entstandenen Tellerwäscherromanen für arme Jungen. Sie legten den Grundstein für den heute noch in Amerika wirksamen Glauben, jeder sei seines eigenen Glückes Schmied.
An Vorbildern mangelte es nicht. Millionäre konnte Boston damals reichlich vorweisen. Allerdings waren weniger die Tellerwäscherei als Überseehandel und Industrie die Quelle ihres Reichtums. »Boston Brahmins«, die Brahmanen Bostons, nannte der Schriftsteller Oliver Wendell Holmes diese Unternehmerschicht in Erinnerung an die standesbewußte oberste Hindu-Kaste. Über Geld sprach man nicht in diesen Kreisen, »wo die Lowells nur mit den Cabots und die Cabots nur mit dem lieben Gott sprechen«. Lieber ließ man es durch die großzügige Förderung der Wissenschaft

Britisches Flair am Louisburg Square

Italienisch geprägtes Straßenleben in North End (unten)

Boston zum Vorzeigen: Kopfsteinpflastergäßchen Acorn Street (unten)

Nur in den Randbezirken merkt man, daß Boston eine Vier-Millionen-Metropole ist. Die Innenstadt kommt europäisch kompakt und kleinteilig daher. Das fußgängerfreundliche Format entstand aus Platzmangel. Das Resultat ist ein verwinkeltes Netz von Straßen und Gassen, in denen viele Geschäfte an die europäische Einwanderung erinnern. Die innerstädtischen Wohnquartiere mit ihren Märkten und Straßencafés haben sich auch nicht durch das junge, hochhausstrotzende Finanzviertel verdrängen lassen. Deshalb ist die Innenstadt – anders als in vielen US-Städten – auch nach Dienstschluß nicht einsam und verlassen.

und Künste oder soziale Wohltätigkeit selbst sprechen. Wert legte man schließlich auch auf Abstammung und Religion: WASP (White Anglo Saxon Protestant) ist die noch heute gültige Zauberformel, die die Türen zu dieser Kaste öffnete: Weiß, von angelsächsischer Herkunft, protestantisch und möglichst mit Vorfahren von der »Mayflower«, also den ersten englischen Siedlern in Massachusetts.
Dieser dynamische Schmelztiegel aus Geist und Geld zog einflußreiche Schriftsteller und Herausgeber an. Zum Beispiel im Old Corner Bookstore: Hier lasen und diskutierten Nathaniel Hawthorne, Ralph Waldo Emerson und andere literarische Schwergewichte, und auch englische Autoren wie Charles Dickens machten ihre Aufwartung. In Boston gaben sich wanderpredigende Sozialreformer die Klinke in die Hand, um ihre vielfältigen Rezepte gegen eine hemmungslose Industrialisierung kundzutun, und Sklavereigegner aus Boston waren berüchtigt für ihr militantes Sendungsbewußtsein.

Wo Amerikas Elite büffelt: Harvard und MIT

Auch Universitäten und Colleges ließen sich hier bevorzugt nieder. Noch heute tummeln sich im Großraum Boston etwa 50 Lehr- und Forschungsinstitute. Seinen Teil dazu beigetragen hat die Bildungsfreudigkeit der Stadtgründer, die bereits 1636 ein Priesterseminar im heutigen Cambridge gründeten. 1638 wurde es nach John Harvard benannt, einem Geistlichen, der der Schule seine Privatbibliothek vermacht hatte. Heute ist die Universität der größte Grundbesitzer in Cambridge und die älteste und reichste Universität der USA. Sie brachte mehr Nobelpreisträger und Präsidenten hervor als jede andere amerikanische Uni.
Wer den Verkehrslärm der Harvard Street hinter sich läßt und durch eines der Tore in die grüne und stille Rasenidylle des Harvard Yard taucht, sieht sich umgeben von ehrwürdig-museal wirkenden Bauten, die so gar nichts von einer auf Hochleistung und Markterfolg getrimmten Privatuniversität vermitteln. Doch der Schein trügt. Höhere Bildung ist für die vielen Privatuniversitäten in den USA eine Ware, die verkauft sein will, und dazu gehören optische Attraktivität und engagierte Traditionspflege.
Selbst das wesentlich jüngere und nicht minder erfolgreiche Massachusetts Institute of Technology (MIT) lockt wenige Autominuten östlich von Harvard mit neoklassizistischen Säulenportalen und großzügigen Rasenflächen, die den Skulpturen weltberühmter Bildhauer zur Entfaltung verhelfen. Auch hier wird hart gebüffelt, denn gute Bildung gilt Amerikanern als Schlüssel zu beruflichem Erfolg und kostet reichlich. Dafür darf der »Kunde« Student – bis zu 70 Prozent werden durch Darlehen und Stipendien gefördert – auch einiges erwarten: Unterkunft und Verpflegung, kleine Seminare, leistungsorientierte Dozenten, persönliche Betreuung, erstklassige Bibliotheken mit Öffnungszeiten rund um die Uhr und umfangreiche Sportangebote.
Das alles ist auch nötig, um das enorme Lese- und Klausurenpensum zu bewältigen, das amerikanischen Studenten abverlangt wird. Und trotzdem bleibt noch etwas Zeit zwischen Studentenwohnheim, Seminar und Bibliothek, um dem Studentenleben »off-campus« zu frönen. Unverzichtbare Bestandteile wie Kneipen, Musikclubs, Platten- und Buchläden konzentrieren sich am Harvard Square in Cambridge und am Kenmore Square in Boston.
Obwohl Boston wie Barcelona oder Rom auf dem 42. Breitengrad liegt, will mediterranes Flair hier, knapp 250 Kilometer südlich der kanadischen Grenze,

Mittagspause vor der Trinity Church

Christopher Street Day Parade

Trommler auf dem Copley Square (unten)

Boston gilt als »schnelle« Stadt und ächzt unter ihrem Autoverkehr. Doch Parks, Grünflächen und großzügige Alleen, teilweise vom berühmten Grünplaner Frederick Law Olmstedt entworfen, bieten neben verkehrsberuhigten Quartieren und repräsentativen Plätzen innerstädtische Ruhe- und Entspannungszonen.

Die Commonwealth Avenue, ein etwa 80 Meter breiter Prachtboulevard, ist das Rückgrat der Back Bay

Siesta am Spiegelsee des Christian Science Center

Das Mapparium, die begehbare Weltglaskugel der Christian Science Church

nicht aufkommen. Ähnlichkeit besteht eher mit San Francisco: Beide Städte sind mit rund 600 000 Einwohnern etwa gleich groß. Ihre Halbinsellage zwang sie in ein fußgängerfreundliches und kompakt-europäisch anmutendes Format. Und wo San Franciscos Stadtbild Straßenzug für Straßenzug von erkergeschmückten und farbenfrohen Stadthäusern aus Holz geprägt ist, dominiert in Boston eine ähnliche Reihenhausarchitektur, allerdings aus hanseatisch gediegenen roten Backsteinen. Und schließlich die Menschen selbst: Dank ihrer Häfen, die heute ihre Bedeutung verloren haben, waren beide Städte immer Einfallstore für Einwanderer aus aller Welt. Diese ethnische Vielfalt war eine der wichtigen Grundlagen für echte Urbanität. Deutlich spürbar wird dieses Völkergemisch bei der Wanderung durch die verschiedenen »neighborhoods«.

Auf dem Freedom Trail durch die Frühgeschichte der USA

Ausgangspunkt jeder Stadterkundung sind der Boston Common und der Public Garden, die ungleichen Zwillinge, die Bostons grüne Lunge inmitten der Häuserschluchten bilden. Während der Boston Common als schlichte Rasenfläche noch an puritanische Anfänge erinnert, prägt den ersten botanischen Garten der USA viktorianische Üppigkeit, besonders wenn die Schwanenboote den See bevölkern. Am Common beginnt einer der berühmtesten Wanderpfade im Land, der Freedom Trail. Er schlängelt sich auf fast fünf Kilometern Länge quer durch den Stadtkern. Aufgereiht wie Perlen sind an ihm 16 historische Sehenswürdigkeiten, insbesondere aus der Zeit des Unabhängigkeitskampfes. Man darf jedoch getrost Geschichtsmuffel sein, denn dieser Strich aus roten Backsteinen führt durch unterschiedliche Viertel und zu schönen Stadtansichten.

An der nordöstlichen Spitze des Common thront gleich zu Beginn des Trail das State House des Bundesstaates Massachusetts, unübersehbar durch seine 24karätig vergoldete Dachkuppel. Wie viele der von ihm entworfenen Regierungssitze widmete Charles Bulfinch, ein amerikanischer Karl Friedrich Schinkel aus Boston, das 1795 fertiggestellte Bauwerk dem republikanischen Staatsideal der amerikanischen Gründergeneration. In der Abgeordnetenkammer des State

Graduiertenfeier am MIT: Beim Kartenspielen vergeht die Zeit schneller

Haupteingang zum Massachusetts Institute of Technology (MIT)

Harvard University, MIT, Boston College, Berkeley School of Music, Tufts University: Die Liste namhafter Universitäten und Colleges im Großraum Boston ist beeindruckend lang. Allein in Boston büffeln über 100 000 Studenten. Nicht nur Nobelpreisträger und ehemalige Studenten wie Martin Luther King, John F. Kennedy oder Henry Kissinger verleihen den Einrichtungen ihre Aura, sondern auch sehenswerte Campusanlagen.

Der Harvard Square ist studentischer Mittelpunkt von Cambridge

Harvard-Studenten kurz vor ihrer Abschlußfeier

Wenn die Elite-Akademiker von Harvard ihren Abschluß feiern, ist auch die Polizei dabei

Harvard University: Lesesaal der Widener Library

House hängt übrigens ein holzgeschnitzter »sacred cod«, ein heiliger Kabeljau, der daran erinnert, daß Fischfang der Grundstein für Bostons Reichtum war.
Vor dem State House beginnt ein zweiter Stadtpfad, der Black Heritage Trail, der die Geschichte der Schwarzen Bostons erzählt. Denn in direkter Nachbarschaft zum State House, im nördlichen »Hinterhof« des gediegenen Viertels Beacon Hill, lebte die schwarze Gemeinde Bostons, bevor sie in den heutigen Stadtteil Roxbury abwanderte. Schon 1783 hatten Gerichte die Sklaverei unter Berufung auf die junge Bundesverfassung in Massachusetts aufgehoben. In der Folge bauten die etwa 2000 Schwarzen Bostons in Beacon Hill eine eigene Gemeinde auf. Heute trifft man hier auf das älteste noch existierende Gotteshaus einer schwarzen Kirchengemeinde in den USA. 1855 schließlich, nach langjährigen juristischen Streitereien, öffneten sich Bostons weiße Schulen auch für Schwarze.

Der Kampf gegen die Sklaverei wurde auch von Boston aus geführt

Doch das ärgste Übel war noch nicht beseitigt: die Sklaverei in den Südstaaten. Bostons Schwarze standen an der Spitze der lautstarken Abolitionisten-Bewegung gegen die Sklaverei. Dabei beließen sie es nicht bei scharfzüngigen Pamphleten und Reden, sondern betrieben aktive Sabotage. Beacon Hill wurde zu einer Zwischenstation für die Underground Railroad, einer Fluchthilfebewegung für Sklaven in den freien Norden.
1835 besuchte Harriet Beecher Stowe einen solchen Unterschlupf in Boston, um einmal ein paar Flüchtlinge aus Fleisch und Blut für ihren Roman »Onkel Toms Hütte« kennenzulernen. Häscher aus den Südstaaten, die sich auf der Suche nach flüchtigem »Kapital« in die Gassen von Beacon Hill wagten, mußten mit einem Regen aus Geschirr rechnen, sobald sie enttarnt waren. Heute müssen die Schwarzen derjenigen Stadt, in der Martin Luther King jr. studierte und der radikale Schwarzenführer Malcolm X zeitweilig lebte, eher voreinander achtgeben. Denn auch Boston wird nicht verschont von der Gewalt, die überall im Land besonders in den schwarzen Stadtteilen zu Hause ist.
Bostons »Wirbelsäule« ist die Washington Street. Sie erschloß die Shawmut-Halbinsel vom Festland her. An der Downtown

Crossing, dort, wo sie heute Fußgängerzone ist, tummeln sich in der Mittagspause die zahlreichen Büroangestellten des benachbarten Financial District, um ihr Lunchpaket zu verzehren und etwas Sonne zu tanken. Die verhältnismäßig jungen Hochhäuser des Financial District, vor deren gewaltigen Fassaden die historischen Bauten auf Miniaturformat schrumpfen, demonstrieren Bostons wiedererstarkte Wirtschaftskraft als Metropole für High-Tech- und Finanzdienstleistungen.

Der verlassene Hafen wurde zum Edel-Viertel

Jenseits der Hochhäuser verstecken sich der Hafen und der älteste Stadtteil Bostons, das North End, hinter dem häßlichen Stelzengerüst der Stadtautobahn. Heute spürt man nichts mehr davon, daß Boston um 1700 nach London und Bristol der drittgrößte Hafen des britischen Empire war. Er versank zu Beginn des 20. Jahrhunderts in Bedeutungslosigkeit und verfiel. In den achtziger Jahren wurde er neu entdeckt, diesmal jedoch landseitig von spekulationsfreudigen Investoren. Auf den Kais, auf denen einst die englischen Rotröcke ihren militärischen Rückzug von den amerikanischen Kolonien antraten, entstanden Luxushotels und teure »condos«, Eigentumswohnungen, für die »upper crust«, die sich den Schick des Hafenblicks leisten wollte.

North End: Klein-Italien an der Charles-River-Mündung

Die Bewohner des benachbarten North End sehen diese Veredelungswelle mit gemischten Gefühlen. Das North End war die traditionelle Durchlaufstation für Einwanderer. Geblieben sind schließlich die Italiener. Besonders im Juli und August verwandelt sich das North End mit Straßenfesten und Heiligenprozessionen in ein Klein-Italien. In den kurvenreichen Gassen stößt man immer wieder auf Tante-Emma-Läden und Cafés, in denen das Leben einen Gang langsamer abzulaufen scheint als im Rest der Stadt und wo tatsächlich »richtiger« Kaffee zu haben ist. Freitag abends ist das North End hoffnungslos überfüllt, wenn scheinbar halb Boston die Arbeitswoche in einem der vielen italienischen Restaurants ausklingen läßt.

Zweimal am Tag wird im Museum of Science ein künstlicher Blitz gezündet

Auch für Kinder bietet das Museum of Science an der Charles River Dam Bridge viel Interessantes

Statuen im Museum of Fine Arts

Walskelett im New England Aquarium

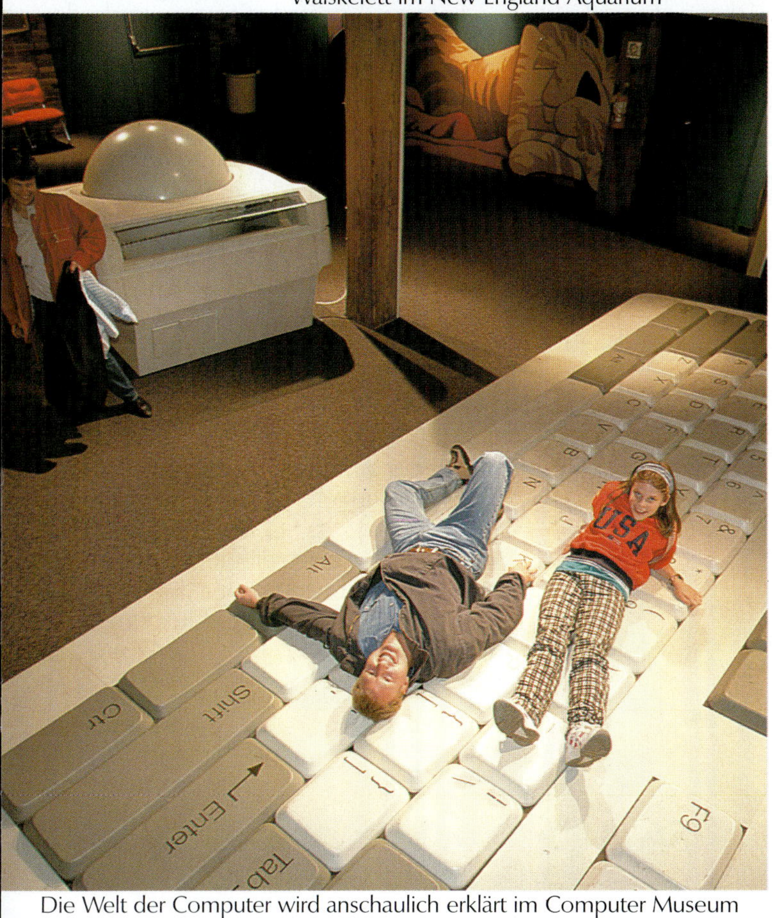

Die Welt der Computer wird anschaulich erklärt im Computer Museum

Boston ist eine Stadt der Museen und kann sich in dieser Hinsicht problemlos mit Washington oder New York vergleichen. Nationale Magneten sind das unübertroffene Computermuseum, in dem praktische und amüsante Demonstrationen heranführen ans Zeichnen, Programmieren, Simulieren oder Komponieren mit Keyboard oder Maus, das Museum of Fine Arts mit seiner Sammlung impressionistischer Malerei, die im Nachbau eines italienischen Renaissancepalastes untergebrachte Privatsammlung der exzentrischen Kunstmäzenin Isabella Stewart Gardner sowie das Museum of Science, eines der modernsten Wissenschaftsmuseen der Welt.

Westlich des Public Garden stößt man auf ein ganz anderes Boston: Keine Spur mehr vom kleinteiligen Labyrinth verwinkelter Gassen und Straßen – die Back Bay atmet das Flair des 19. Jahrhunderts. Damals orientierten sich die Stadtplaner an den Boulevards von Paris und den schachbrettartigen Blickachsen von Manhattan. Obwohl sich hier gediegene Stadtvillen aneinanderreihen, verkörpert die Back Bay mit der 80 Meter breiten, magnoliengeschmückten Commonwealth

John F. Kennedy Library and Museum

Avenue und den beiden Haupteinkaufsmeilen Newbury Street und Boylston Street das moderne Boston.
Modern, weil die Back Bay der jüngste Stadtteil Bostons ist. Denn erst mußte dem Charles River viel Land abgerungen werden, um den Stadtteil in der zweiten Hälfte des 19. Jahrhunderts aus dem Boden stampfen zu können. Mit dieser Landgewinnung schloß Boston ein enormes Flächenwachstum ab: Durch verschiedene Landgewinnungsprojekte hatte die Stadt die Shawmut-Halbinsel um das Zwei- bis Dreifache wachsen lassen. Modernes Wahrzeichen des Stadtteils ist der zu Anfang heftig umstrittene Hancock Tower. Zu Füßen des 62 Stockwerke hohen Versicherungsturms, in dessen Glasfassade sich die Trinity Church spiegelt, trifft sich in der Newbury Street alles, was sich jung, avantgardistisch und mit dem nötigen Kleingeld ausgestattet fühlt. Das Kleingeld sitzt in Boston wieder lockerer. Nach einer Phase der Stagnation hat das »neue Boston« sein Erscheinungsbild generalüberholt, die Innenstadt wiederbelebt und seine historische Substanz herausgeputzt. Mit der Absenkung der Stadtautobahn ist der letzte Schritt zu einer Stadt getan, die sich den Besuchern mit all ihrem historischen Reichtum und ihrer Vielfalt präsentiert.

Karte: Seite 112 / 113, Planquadrat G 4.
Anreise: Mehrere Fluglinien verbinden Bostons Logan International Airport (Tel. 617/ 973-55 00) mit deutschen Flughäfen, vom Flughafen Frankfurt werden Direktflüge angeboten. Der Transfer vom zentral gelegenen und überschaubaren Logan Airport nach Boston ist per U-Bahn (Station Airport), Taxi oder Schiff möglich. Viele gehobenere Hotels bieten einen kostenlosen Transfer per Bus oder Limousine an. Zwischen Flughafen und Mietwagenstationen pendeln regelmäßig kostenfreie Busse. Die Pkw-Tunnel vom Flughafen in die Stadt sind gebührenpflichtig (Kleingeld griffbereit halten).
Öffentlicher Nahverkehr: Die Massachusetts Bay Transportation Authority (MBTA oder kurz »T«) bietet ein gutes und sicheres Bus- und Bahnnetz (Info-Tel. 617/ 222-32 00, in der Park Street und anderen U-Bahn-Stationen sind Fahrpläne und günstige Mehrtagespässe erhältlich). Da sich jedoch alle wichtigen Attraktionen auf einem Gebiet von 3 qkm konzentrieren, bewegt man sich am besten zu Fuß.
Unterkunft: Bostons Angebot an Unterkünften aller Preisklassen ist reichhaltig.
Luxushotels: »Ritz-Carlton« (Arlington und Newbury St., Tel. 617/536-57 00, Fax 617/536-13 35); »Four Seasons« (200 Boylston St., Tel. 617/338-44 00, Fax 617/423-01 54); »Boston Harbor Hotel« (70 Rowes Wharf, Tel. 617/439-70 00, Fax 617/330-94 50).
Mittelklasse: »Copley Square Hotel« (47 Huntington Ave., Tel. 617/536-90 00, Fax 617/ 267-35 47); »Lenox Hotel« (710 Boylston St., Tel. 617/536-53 00, Fax 617/ 266-79 05); »Marriot Long Wharf« (296 State St., Tel. 617/227-08 00, Fax 617/ 227-28 67); »Harvard Square Hotel« (110 Mt. Auburn St., Tel. 617/864-52 00, Fax 617/ 864-24 09); »Susse Chalet« (900 Morrissey Blvd., Tel. 617/ 287-92 00, Fax 617/ 282-23 65). Susse-Chalet-Hotels sind preisgünstig und liegen in den Randbezirken, sind oft jedoch gut an die Straßenbahn angebunden, allg. Reservierung unter Tel. 800/ 258-19 80).
Bed & Breakfast Agenturen: Bed & Breakfast Agency of Boston (Tel. 617/ 720-35 40, Fax 617/ 523-57 61); Bed & Breakfast Cambridge & Greater Boston (Tel. 617/ 576-14 92, Fax 617/ 576-14 30); Bed & Breakfast Associates Bay Colony Ltd. (Tel. 617/449-53 02, Fax 617/449-59 58).
Nachtleben: Bostons Nachtleben ist vielseitig, erschließt sich jedoch erst auf den zweiten Blick, weil sich Theater, Kinos, Konzerthallen und Musikclubs, Bars oder Diskotheken auf die ganze Stadt verteilen: Zentren des Nachtlebens sind der Theater District südlich des Boston Common im Kreuzungsbereich Tremont und Essex St., Faneuil Hall Marketplace, die Back Bay um Boylston und Newbury Street sowie Copley Square, Kenmore Square. In Cambridge spielt sich das Nachtleben rund um den Harvard und den Inman Square ab. (Veranstaltungskalender s. »Information«). Programme und Eintrittskarten erhält man an den zwei Verkaufsständen von »BosTix« (Faneuil Hall Marketplace und Copley Square, Tel. 617/482-BTIX)
Sehenswürdigkeiten: Boston ohne den Freedom Trail ist nicht Boston. Der Trail (s. »Information«) faßt viele der architektonischen und historischen Sehenswürdigkeiten zusammen und erzählt über diejenigen Menschen, die Boston mitgeformt haben. Das gleiche gilt für den Black Heritage Trail (s. »Information«). Der Harborwalk führt die Besucher zu Fuß durch das ehemals geschäftige Hafenviertel, das heute Museen, Hotels, Restaurants und teure Eigentumswohnungen beheimatet (s. »Information«).
Der Louisburg Square (Karte Seite 25, Planquadrat D 3) und die Acorn St. (D 3) in Beacon Hill sind zwingende Fotomotive. Abends bietet die Longfellow Bridge (C 2) über den Charles River eine unübertroffene Sicht auf Beacon Hill und die Back Bay. In der **Back Bay** ist der Blick vom John Hancock Observatory (C 4; 200 Clarendon St., Tel. 617/ 247-19 77) oder dem Prudential Tower Skywalk (C 5; 800 Boylston St., Tel. 617/ 236-33 18) ein Muß. In den Fenstern des vom Star-Architekten I. M. Pei entworfenen Hancock Tower spiegelt sich die benachbarte neoromanische Trinity Church (C 4). Zusammen mit der Renaissancefassade der Boston Public Library und der New Old South Church ist der Copley Square (C 4) architektonisch reich bestückt.

Innenhof des Isabella Stewart Gardner Museum

Südlich des Copley Square dehnt sich der gewaltige Komplex der Christian Science Church aus, in deren Hauptgebäude sich das Mapparium, eine begehbare Glasweltkugel, befindet (B 5; 175 Huntington Ave., Tel. 617/450-37 90). Im Mai laden die Magnolien zu einem Spaziergang auf der Commonwealth Avenue (B / C 4) ein. Aber auch ohne Magnolien regt dieser Boulevard mit den Skulpturen historischer Persönlichkeiten und gediegenen Fassaden die Schaulust an.
Südlich der grünen Commonwealth Avenue beginnen die Back Bay Fens (A/ B 4/ 5), ein ehemaliges Marschgelände, das der renommierte Landschaftsplaner Frederick Law Olmsted, der auch New Yorks Central Park entwarf, im 19. Jh. in eine grüne Seenlandschaft mit dem poetischen Namen Emerald Necklace verwandelte. An ihrem nördlichen Ende, nahe Kenmore Square, lädt Fenway Park, das Stadion des Bostoner Baseballteams Red Sox, zu einem uramerikanischen Sporterlebnis ein (A 5; 4 Yawkey Way, Tel. 617/ 267-17 00). Südlich des Parks befinden sich zwei der renommiertesten Bostoner Kunstmuseen, das Isabella Steward Gardner Museum und das Museum of Fine Arts (s. »Museen«).
Das Zentrum von **Cambridge** ist der geschäftige Harvard Square und der historische Campus der Harvard University (kostenlose studentische Führungen: Holyoke Center, 1350 Mass. Ave., Tel. 617/495-15 73). Wer mehr von Cambridge sehen möchte, der läuft die Massachusetts Avenue vorbei am MIT, der zweiten Renommieruniversität, und über die Harvard Bridge zurück nach Boston.
Museen: Bostons Museen haben meist täglich zwischen 10 und 17 Uhr geöffnet. Eine Auswahl: Boston Tea Party Ship & Museum (F 4; Congress St. Bridge, Tel. 617/338-17 73): Auf der »Beaver II« kann man die Geschichte aufleben lassen und als Indianer verkleidet britischen »Tee« im Hafen versenken. Children's Museum (F 4; 300 Congress St., Tel. 617/426-88 55, Mo geschl.): ein exzellentes Anfaß- und Experimentiermuseum für Kinder aller Altersstufen. Computer Museum (F 4; 300 Congress St., Tel. 617/423-67 58,

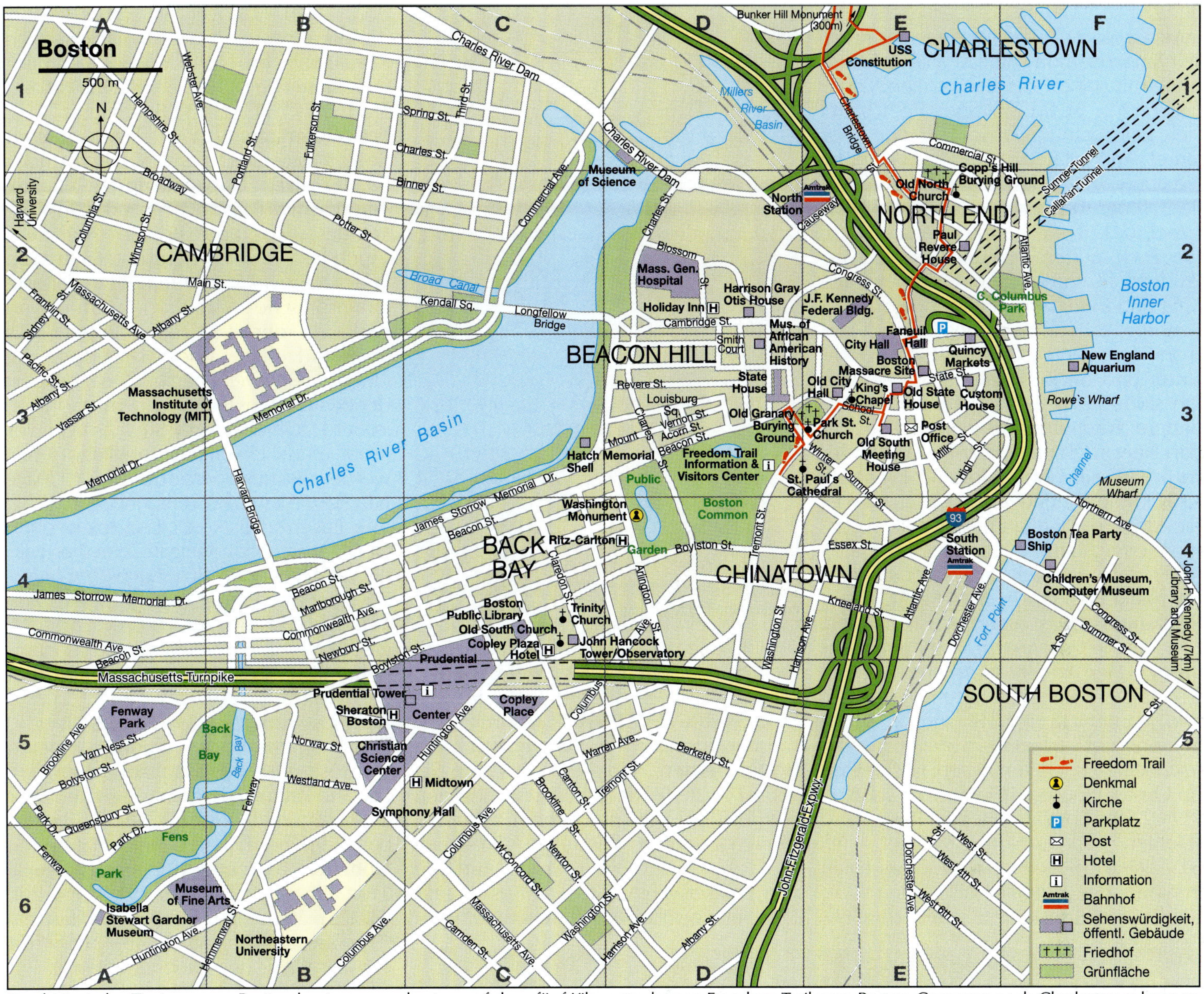

Das historische Zentrum von Boston lernt man am besten auf dem fünf Kilometer langen Freedom Trail vom Boston Common nach Charlestown kennen

Internet-Adresse: http://www.tcm.org, Mo geschl.): weltweit einmaliges Computermuseum.

Freedom Trail: Einige der historischen Gebäude auf dem Freedom Trail sind Museen zu Bostons Geschichte, z. B. das Old South Meeting House (E 3; 310 Washington St., Tel. 617/482-64 39), das Paul Revere House (E 2; 19 North Sq., Tel. 617/523-23 38), das Old State House (E 3; 206 Washington St., Tel. 617/720-32 90). U. S. S Constitution Museum (E 1; Charlestown Navy Yard, Tel. 617/426-18 12): schwere Fregatte von 1797, die mehrere historische Schlachten überstand.

Die Harvard University Art Museums (32 Quincy St., Tel. 617/495-94 00, So vormittag geschl.) umfassen mit Fogg Art, Busch-Reisinger und Arthur M. Sackler Museum drei Museen mit etwa 150 000 Kunstwerken. Isabella Stewart Gardner Museum (A 6; 280 The Fenway, Tel. 617/566-14 01, Mo geschl.): persönliche Kunstsammlung der Bostoner Gesellschaftsdame Isabella Stewart Gardner (1840–1924) in einem venezianischen Palast. John F. Kennedy Museum and Library (F 5; Columbia Point, Tel. 617/929-45 23): umfassende Darstellung des Lebens und Wirkens des 35. US-Präsidenten.

Museum of African-American History (D 3; 46 Joy St., Tel. 617/742-18 54, Sa/So geschl.): Das Museum organisiert den Black Heritage Trail und zeigt die Geschichte der schwarzen Bevölkerung. Museum of Fine Arts (A 6; 465 Huntington Ave., Tel. 617/267-93 00, Mo geschl.): führend in der Sammlung amerikanischer Malerei. Museum of Science (D 1; Science Park, Tel. 617/723-25 00): moderne »Fundgrube« für Technikbegeisterte und Kinder mit Planetarium und schwindelerregendem 3D-Kino. New England Aquarium (F 3; Central Wharf, Tel. 617/973-52 00): Das Aquarium mit insgesamt 4000 Meerestieren veranstaltet auch Walbeobachtungs-Fahrten.

Einkaufen: Boston hat sich zu einem Einkaufsparadies für jeden Geschmack und jede Geldbörse entwickelt. Die wichtigsten innerstädtischen Einkaufszonen sind die gesamte nördliche Washington Street (D 4/E 3; Fußgängerzone, Buchläden, Kleidung, zwei Warenhäuser: »Filene's« und »Macy's«) samt Nebenstraßen, der nördlich angrenzende Faneuil Hall Marketplace mit seinen vier ehemaligen Markthallen (E 3; etwa 150 Spezialgeschäfte, viele Restaurants), Charles (D 2) und River Street (Antiquitäten). In der Back Bay sind Newbury Street (B/C 4; Boutiquen, Galerien, teuer bis exklusiv) und Boylston Street (C/D 4) die Haupteinkaufsstraßen; die gutsortierten Einkaufspassagen von Prudential Center (C 5) und Copley Place (C 5) sind miteinander verbunden.

Kenmore Square nahe des Baseball-Stadions Fenway Park (A 5) ist mit Buchläden und Second-Hand-Musikgeschäften studentisch geprägt wie auch Cambridges Hauptgeschäftsviertel rund um den Harvard Square. Hier ist das Warenhaus »Harvard Coop« ein Muß. Ein neuerer Komplex mit etwa 100 Geschäften ist die über die U-Bahn-Haltestelle Lechmere erreichbare Cambridge-Side-Galleria. Freitags und samstags findet auf dem Haymarket ein großer Markt statt.

Restaurants: Das Angebot ist vielfältig. Eine kleine, subjektive Auswahl: »Anthony's Pier 4« (140 Northern Ave, Tel. 617-423-63 63): guter Hafenblick, Fisch. »No Name« (15 1/2 Fish Pier in South Boston, Tel. 617-338-75 39): einfache, reichhaltige Küche im Hafen, Fisch. »Union Oyster House« (41 Union St., Tel. 617-227-27 50): Bostons ältestes Restaurant. »Durgin Park« (North Market, Tel. 617/227-20 38): einfach und reichhaltig inmitten des Faneuil Hall Marketplace; »Friday's« (26 Exeter St., Tel. 617-266-

Eingangshalle des Museum of Fine Arts von 1909

90 40): ungezwungenes Restaurant mit jungem Publikum inmitten der Back Bay. »The Bay Tower Room« (State St., 33. Stock, Tel. 617-723-16 66): Bar mit Livemusik und einem großartigen Blick auf Bostons Hafen. »Biba« (272 Boylston St., Tel. 617/426-78 78): sehen und gesehen werden bei entsprechenden Preisen. »Imperial Seafood Restaurant« (70 Beach St., Tel. 617/426-85 43): Hier, inmitten von Bostons Chinatown, gibt es mittags Dim Sum, gefüllte »Maultaschen«. »Pomodoro« (319 Hanover St., Tel. 617/367-43 48): eines von vielen italienischen Restaurants im North End. »Commonwealth Brewing Company« (138 Portland St., Tel. 617/523-83 83): Brauhaus.

Einkaufsvergnügen unter Glas in der Huntington Arcade

Feste/Feiertage: Als Vielvölkerstadt feiert Boston oft. Eine Auswahl: St. Patrick's Day (17. März; Feiertag der irischen Bevölkerung mit Parade in South Boston); Patriot's Day und Boston Marathon (April; Paul Reveres berühmter Ritt wird in der Hanover St. wiederholt, der älteste amerikanische Marathon startet und endet in der Back Bay); Bunker Hill Weekend (Juni) und Harborfest mit einem feuerwerksbegleiteten Konzert der Boston Pops (Bostoner Symphoniker) in der Hatch Memorial Shell am Charles River. Zum Unabhängigkeitstag (4. Juli) werden wichtige Stationen des Unabhängigkeitskampfes zelebriert.

Das italienische North End feiert seine Heiligen in einer Vielzahl von Festivals und Prozessionen (Juli/August); Columbus Day Weekend (Oktober, eine Parade von East Boston zum North End und großes Verkaufswochenende); das Cambridge River Festival (Sept.) und Head of the Charles River (Regatta im Okt.) sind Ereignisse rund um den Charles River.

Sport: Amerikanischen Sport pur bieten die Boston Bruins (Eishockey), die »New England Patriots« (Football), die »Red Sox« (Baseball), die »Boston Celtics« (Basketball). Termine, Tickets s. »Information«.

Notfälle: Massachusetts General Hospital (Fruit St., Tel. 617/726-29 00, Notruf: 617/726-20 00). Die Traveler's Aid Society (17 East St., Tel. 617/542-72 86) hilft ehrenamtlich und unbürokratisch. 24-Stunden-Drogerie: CVS (im Porter Square Shopping Plaza, Mass. Ave., Cambridge, Tel. 617/876-55 19).

Information: Boston Common Information Kiosk (Tremont St. nahe U-Bahn-Station Park St., Tel. 617/426-31 15): Bostons zentral gelegene, mehrsprachig besetzte Besucherinformation. Ferner: Greater Boston Convention & Visitors Bureau (800 Boylston St., Prudential Plaza, Tel. 617/536-41 00). Das National Park Service Visitor Center (15 State St., Tel. 617/242-56 42) informiert zum Freedom Trail, Harborwalk, Black Heritage Trail.

Der »Boston Globe« enthält donnerstags den »Calendar«, eine wöchentliche Veranstaltungsbeilage. Ergiebig, aber etwas »szeniger« ist das ebenfalls am Donnerstag erscheinende Wochenmagazin »The Boston Phoenix«.

Neoromanisches Detail an der Trinity Church

Neoklassizistisches Massachusetts State House

Christopher Columbus Park mit Custom House

Boston Pride Parade auf der Clarendon Street

Bostons Innenstadt präsentiert sich heute als unorthodoxe Mischung viktorianischer und moderner Architektur. Nachdem das »neue Boston« zunächst mit der Abrißbirne geschaffen werden sollte, setzte sich bald die Erkenntnis durch, daß die Bewahrung des historischen Stadtbildes ein wichtiger Identifikations- und Standortfaktor sei. Kein Motiv verkörpert das Neben- und Miteinander des alten und neuen Bostons mehr als das Spiegelbild der Trinity Church in der mächtigen Glasfassade des lange angefeindeten Hancock Tower.

Die Boston Public Library war die erste öffentliche Bibliothek der Welt

MASSACHUSETTS: SÜDOSTEN

Die Keimzelle Amerikas

In Plymouth entstand 1620 die erste Siedlung Neuenglands: Diese Zeit wird heute in der Plimoth Plantation lebendig (Fotos). Überleben konnten die Pioniere nur mit Hilfe der Indianer (kl. Foto oben: Mashpee Wampanoag Powwow). Später machten Walfang und Industrialisierung die Region reich. Nun lebt das Land besonders auf Cape Cod und den Inseln vom Tourismus.

Massachusetts Südosten ist die »Sandbüchse« des Staates. Wie der Arm eines posierenden Bodybuilders ragt die Halbinsel Cape Cod, das »Kabeljaukap«, in den Atlantik hinein und zieht mit seinen endlosen Stränden und gewaltigen Dünenketten Jahr für Jahr Sommerfrischler scharenweise an. Zur wärmsten Jahreszeit ist auch Hauptsaison auf den beiden südlich gelegenen Inseln Martha's Vineyard und Nantucket. Auch die beiden Counties Plymouth und Bristol, die die ansonsten wie mit einem Lineal gezogene Staatsgrenze nach Süden durchbrechen, sind vom Atlantik geprägt.

Cape Cods Wohlstand kam aus dem Meer

Der Fischreichtum der Gewässer um Cape Cod lockte Entdecker und Siedler hierher. Beeindruckt von den vielen Kabeljauschwärmen, nannte Bartholomew Gosnold 1602 die Halbinsel Cape Cod. Weil das gletschergeformte Gebilde Schiffen einen natürlichen Schutz bot, ging hier auch die englische Besatzung der »Mayflower« 1620 vor Anker. Im 19. Jahrhundert schließlich entwickelten sich Nantucket und New Bedford zu den weltweit größten Flottenhäfen der Walfangindustrie. Walprodukte wie Knochen, Öl, Fett und Ambra waren wertvolle Rohstoffe – es entstand eine reiche Schicht neuenglischer Walölmagnaten.

Monate waren die schwimmenden Fabriken im 19. Jahrhundert unterwegs, um Wale in den entlegensten Winkeln der Meere aufzuspüren und Tran direkt an Bord zu verarbeiten. Eindrucksvoll vermittelt das New Bedford Whaling Museum ein Bild von den Gefahren sowie der Langeweile auf den Walfangschiffen. Die Herstellung von »scrimshaw«, filigranen Schnitzereien aus Walknochen und -zähnen, war damals ein beliebter Zeitvertreib. Das Träumen vom nächsten Landgang und den Mädchen ein anderer. Könner kombinierten beides und schnitzten in die Knochen Zeilen wie diese: »Oh, how I wish ... to see the girls. That's what I like, is the girls – girls forever«.

Aber auch ein Kirchenbesuch gehörte zum Landgang, zum Beispiel in der Matrosenkirche Seaman's Bethel gegenüber dem Whaling Museum, deren Kanzel sinnigerweise die Form eines Schiffsbugs besitzt. Herman Melville hat die Kirche in seinem Hauptwerk »Moby Dick« verewigt. Der Abenteuer-Roman ist eine symbolbeladene und in Walfangdetails schwelgende Abhandlung über die Besessenheit Kapitän Ahabs, sich an dem weißen Wal Moby Dick zu rächen, an den er bei einer früheren Begegnung ein Bein verloren hatte.

New Bedford war der angemessene Ausgangspunkt für Melvilles Roman, denn die Stadt hatte Nantucket im 19. Jahrhundert den Rang als größter Walfanghafen abgelaufen. Um 1840 arbeiteten etwa 10 000 Menschen auf den in New Bedford stationierten Walfängern, die etwa die Hälfte der über 700 amerikanischen Walfangschiffe ausmachten. Melville schildert die Stadt in seinem Roman als das »teuerste Pflaster weit und breit in Neuengland«. Im Gegensatz zu Nantucket ist von diesem Glanz heute kaum noch etwas zu spüren. Nur wenige Patrizierhäuser erinnern an die alten Zeiten. Gleichwohl versucht die Stadt mit dem immer noch bedeutenden Fischereihafen durch die Restaurierung des Waterfront Districts, des alten Hafenviertels, etwas vom alten New Bedford wiederzubeleben.

In Plymouth betraten die »Pilgerväter« die Neue Welt

Die Hauptattraktion der Region ist jedoch Plymouth, »America's Hometown«, wo die Besatzung der »Mayflower« im Dezember 1620 ihre erste dauerhafte Siedlung errichtete. Die 102 Siedler kamen schlecht ausgerüstet in ihre neue

»Näherin« an Bord der »Mayflower II«

Role Players lassen die Geschichte aufleben

Plimoth Plantation: So legten die Siedler 1627 ihre Hausgärten an

Der Alltag der ersten Siedler, die 1620 mit der »Mayflower« in Plymouth landeten, war hart und entbehrungsreich

Plimoth Plantation, das sind 18 Holzhäuser, die sich an einer zum Atlantik abfallenden »Hauptstraße« des alten Plymouth aufreihen. Geschützt durch einen Palisadenzaun und ein Fort, das auch als Gefängnis diente, verrichteten dort 30 Familien, die mit der »Mayflower« nach Neuengland übergesiedelt waren, ihr Tagewerk. Historisch ausgebildete »Role Players« simulieren dort den Alltag von 1627 genauso authentisch wie auf dem Nachbau der »Mayflower« an der State Pier. Nicht nur das historische Englisch ist gewöhnungsbedürftig, selbst die Haustiere wurden wieder »zurückgezüchtet«.

An Bord der »Mayflower II«, die wie das Original in England gebaut wurde, treffen zwei Welten aufeinander

Heimat und verloren im ersten harten Winter fast die Hälfte ihrer Gruppe. Eigentlich hatten sie sich auch auf südlichere Gefilde eingerichtet, wo sie im Auftrag von Londoner Kaufleuten eine Siedlung im Mündungsbereich des Hudson River gründen wollten. Dabei waren sie dem Vorbild der London Company of Virginia gefolgt, die als privat finanzierte Handelskompanie 1607 in Jamestown im heutigen Virginia eine Kolonie mit dem Ziel gegründet hatte, aus der Besiedlung Gewinne für die Handelskompanie zu erwirtschaften.

Die Mayflower-Besatzung war bunt gemischt. Eine Minderheit bestand aus religiösen Separatisten, die in England von der anglikanischen Staatskirche verfolgt worden waren und im protestantischen Holland Zuflucht gefunden hatten. Sie gerieten häufig mit denjenigen an Bord in Konflikt, die sich aus rein wirtschaftlichen Gründen für die mühselige und gefährliche Überfahrt im engen Schiff entschlossen hatten. Erst wesentlich später, in der historischen Rückschau, wurden diese Differenzen retuschiert und die Gruppe als »Pilgrims«, als Pilgerväter, zu einem nationalen Mythos idealisiert. Häufig wurden sie auch mit den gemäßigten Puritanern gleichgesetzt, die 1630 mit einer weiteren Handelsgesellschaft, der Massachusetts Bay Company, Boston gründeten. Erst der im 19. Jahrhundert einsetzende Kult sorgte dafür, daß die Tatsache, Abkömmling eines Mayflower-Siedlers zu sein, einem Adelsschlag gleichkam.

Die »Mayflower II«, ein maßstabsgetreuer Nachbau des Originals aus dem Jahr 1957, und Plimoth Plantation, die sehenswerte Rekonstruktion des ersten Dorfes und der indianischen Nachbarsiedlung,

Trommler auf einem indianischen Tanzfest

Am Unabhängigkeitstag sorgt die Gruppe »Big Nazzo« in Chatham für ausgelassene Stimmung

Tanz im traditionellen Kostüm auf dem Mashpee Wampanoag Powwow

Stars and Stripes: Vater und Sohn beim Unabhängigkeitstag

Chatham: Rotgeschürzte Schuster marschieren zur Independence Parade auf

Erster Ausritt zur Feier der Unabhängigkeit am 4. Juli

Mitten in der Hochsaison feiert Cape Cod den 4. Juli, den amerikanischen Unabhängigkeitstag. In Neuengland, der »Wiege der Nation«, ist dieser Tag besonders wichtig. Die Ureinwohner von Cape Cod, die Wampanoags, kommen zu ihrem eigenen Powwow in Mashpee zusammen. Tänze, Zeremonien, Kunsthandwerk-Präsentationen und indianische Spezialitäten stehen dort im Mittelpunkt.

vermitteln ein recht authentisches Bild vom frühen Leben in Neuengland. Historisch versierte Laienschauspieler führen die Besucher zurück ins Jahr 1627: Sie errichten Häuser, bestellen ihre Gärten, kochen und unterhalten sich mit deutschen Besuchern gerne über den Dreißigjährigen Krieg – vorausgesetzt, man versteht ihren altertümlichen, aus dem 17. Jahrhundert stammenden englischen Dialekt.

Ohne die Hilfe der Indianer hätten die Siedler nicht überlebt

Daß diese Siedlung ohne die Unterstützung der hier ansässigen Wampanoag-Indianer nicht lange bestanden hätte, wird nicht verschwiegen. Krankheit und Hunger hatten den Siedlern im ersten Winter so sehr zugesetzt, daß sie die Indianer um Nahrung bitten mußten. Die Ureinwohner brachten den Siedlern aus der Alten Welt auch bei, wie man Mais anbaut. Aus Dank für die erste Ernte veranstalteten sie im Herbst 1621 ein Fest, auf das der heutige Erntedank-Feiertag Thanksgiving zurückgeht.

Nur wenige Schritte südlich der »Mayflower II« befindet sich ein weiterer, für Amerikaner »heiliger« Pilgerort. Hier ruht der Plymouth Rock, geschützt von einem pompösen Säulenbaldachin. An diesem Stein ging die Mayflower am 21. Dezember 1620 vermutlich endgültig vor Anker. Ob die Pilgrims exakt hier jungfräulichen Boden betraten, darüber streiten Historiker ebenso wie über das genaue Datum. Doch angesichts der nationalen Beliebtheit dieses Ortes wirkt das schon fast wie akademische Erbsenzählerei.

Fall River, »Stadt der Spindeln«, geprägt von Fabrikhallen

Ganz und gar unspektakulär gibt sich Fall River. Die Stadt erwirtschaftete ihren mittlerweile vergangenen Reichtum durch die Textilindustrie, mit der hier im fluß- und wasserkraftreichen Neuengland die Industrialisierung der USA eingeleitet wurde. Noch heute prägen die großen, bis zu sechsgeschossigen Fabrikhallen aus rotem Backstein oder grauem Granit das Stadtbild. Das Wasser des Quequechan River lieferte die Energie für die vielen hundert mechanischen Webstühle, die in den bis zu 120 Baumwollspinnereien und Webereien ratterten. Doch spätestens um 1920 hatte Fall River, die

»Stadt der Spindeln«, den Status als eines der wichtigsten Textilzentren der USA verloren: Viele Fabriken waren in den Süden abgewandert oder mußten schließen, weil sie der internationalen Konkurrenz nicht standhalten konnten. Wie überall stand das industrialisierte Neuengland vor einem schwierigen wirtschaftlichen Strukturwandel, vergleichbar mit dem Niedergang des Bergbaus im Ruhrgebiet.

Fall River besann sich – wie viele andere Orte auch – auf den Tourismus, und so zieht heute der Fall River Heritage State Park Besucher an, die sich im Nachbau einer Textilfabrik über das industrielle Erbe der Stadt und das harte Leben in den Textilfabriken informieren möchten. Der Glockenturm rief die überwiegend irischen, portugiesischen und frankokanadischen Textilarbeiter, deren Nachfahren noch heute das Stadtleben prägen, in

Geschnitzte Walfische in Falmouth

die Fabriken, wo sie für Hungerlöhne schuften mußten.

In unmittelbarer Nachbarschaft des Museums erinnern in Battleship Cove fünf Kriegsschiffe aus dem Zweiten Weltkrieg daran, daß Fall River auch ein wichtiger Hafen war, über den Baumwolle eingeführt und fertiges Tuch exportiert wurde. Viele der Fabrikgebäude, die den Abriß überstanden haben, sind heute in »factory outlets« umfunktioniert, in denen Schnäppchenjäger wie überall im Land auf der Suche nach günstigen Markenartikeln sind.

Die benachbarte Halbinsel Cape Cod ist nicht nur für ihre endlosen Strände und Dünen bekannt. Kunst- und Theaterlieb-

Salt Pond Visitor Center: Blick auf die Marsch- und Küstenlandschaft der Cape Cod National Seashore

Nauset Beach Light an der langgestreckten Küste von Cape Cod

Herrschaftliche Villa im gepflegten Sandwich

1620 landete die »Mayflower« auf der Suche nach einer neuen Heimat auf Cape Cod. Dort unterzeichnete die Besatzung den Mayflower Compact, eine Art ersten amerikanischen Staatsvertrag. Heute zieht es die Besucher aus anderen Gründen auf das »Kabeljaukap«: Sie sind fasziniert von den weiten Stränden, den gepflegten Urlaubsörtchen und der landschaftlichen Vielfalt.

Im Hafen des einstigen Wal-, Fisch- und Muschelfangortes Wellfleet liegen nur noch Yachten (unten)

Hyannis wurde als Sommersitz der Kennedys bekannt (unten)

haber, Gourmets, (Rad-)Wanderfreunde, Segler, Surfer und Golfbegeisterte zieht es ebenfalls auf die Halbinsel. Doch bevor die weißen Siedler und dann die Touristen kamen, lebten hier seit 3500 Jahren die Wampanoag-Indianer. Die Weißen schafften es bis Mitte des 19. Jahrhunderts, die Halbinsel, die im Innern dicht bewaldet war, fast komplett zu roden.

Idyllische Dörfer, Natur und kilometerlange Strände: Cape Cod

Durch Wiederaufforstung gelang es, die landschaftliche Vielfalt halbwegs wiederherzustellen, die die Halbinsel zwischen sumpfigen Marschen und wüstenhaften Wanderdünen bietet. Das äußere Kap, also »Ellenbogen« und »Faust« der Halbinsel, sind als Cape Code National Seashore fast vollständig naturgeschützt. Durchkreuzt wird das Schutzgebiet von Naturlehrpfaden sowie Wander- und Fahrradwegen, die mit Leihrädern erobert werden können. An seiner dem Atlantik zugewandten Ostflanke reihen sich die kilometerlangen Strände aneinander.

Einen lohnenswerten ersten Eindruck von Cape Cod vermittelt die Anfahrt über Route 6A, die durch idyllische Dörfer des oberen und mittleren Kaps führt, in denen kleine und große verwitterte und renovierte Saltboxes, »Salzbüchsen«, an die Anfänge des Hausbaus erinnern, doch es gibt auch noch gediegene Kapitänsvillen. Sandwich ist der erste und gleichzeitig älteste Ort auf Cape Cod. In Eastham, wo sich auch das Besucherzentrum der National Seashore befindet, traf die Mayflower-Expedition das erste Mal auf Wampanoag-Indianer. Der Schußwechsel, der dabei stattfand, war ein böses Omen für spätere Zeiten.

Provincetown: Wandel vom Fischerort zur Künstlerkolonie

Der größte und meistbesuchte Ort der Halbinsel ist das in der »Faust« gelegene Provincetown. Als einziger tiefseegängiger Hafen blickt P-Town, wie der Ort auch genannt wird, auf eine lange Fischfangtradition zurück, die sich heute an den wenigen Kais nur noch mit viel Phantasie erahnen läßt.

Zu Beginn des 20. Jahrhunderts avancierte Provincetown zu einer bedeutsamen Künstlerkolonie. Hier, sowie in Truro und

Wellfleet, gaben und geben sich Schriftsteller, Maler, Schauspieler und Intellektuelle insbesondere aus New York und Boston ihr sommerliches Stelldichein. Eugene O'Neill schrieb hier seine ersten Bühnenstücke und ließ sie am »Wharf Theater« uraufführen. John Dos Passos, Sinclair Lewis, Tennessee Williams und Norman Mailer kamen immer wieder hierher. Aber auch Charles W. Hawthorne, der 1899 die Cape Cod School of Art gründete, und Edward Hopper malten in Provincetown. Billie Holliday, Marlon Brando oder Al Pacino zeigten hier ihr Talent. Malereischulen, Galerien, Antiquitäten-Geschäfte und eine rege Schwulenszene sorgen auch heute dafür, daß P-Town seinem etwas exzentrischen Ruf treu bleibt.

Im Süden liegt Cape Cods Touristenmeile

Das südliche Kap ist der touristisch erschlossenere Teil der Halbinsel. Hier wird die Route 28 zum »Strip«, an dem sich Werbetafeln, Sommerunterkünfte, Tankstellen, Restaurants und Schnellimbisse abwechseln. Woods Hole, der kleine Hafen an der äußersten Südwestspitze von Cape Cod, ist landesweit bekannt für die Meeresforschung, die vom hier ansässigen National Marine Fisheries Aquarium und Woods Hole Oceanographic Institute betrieben wird. Dieses Institut war es, das das Wrack der »Titanic« nach langer Suche ortete. Von hier aus sind auch Massachusetts' Sommerinseln Martha's Vineyard und Nantucket per Schiff erreichbar.

Martha's Vineyard: Sommersitz der High-Society

Martha's Vineyard ist die größte Insel Neuenglands. Sie ist gleichzeitig das Sylt Neuenglands, denn die Insel ist eine begehrte Sommerresidenz für Prominenz aus Medien, Wirtschaft und Politik. Hier und in Hyannis auf Cape Cod trifft man den Kennedy-Clan, hier spannt gelegentlich Bill Clinton aus und trifft man vielleicht auch Katherine Graham, die Verlegerin der »Washington Post«. Jackie Onassis pflegte hier zu residieren, Liedermacher James Taylor hat sich hier aufs Altenteil zurückgezogen, und der schwarze Erfolgsregisseur Spike Lee erholt sich auf Martha's Vineyard vom Kulturstreß in New York.

Unter dem Eindruck des wilden Weins verlieh wiederum Bartholomew Gosnold der Insel ihren Namen und widmete den »Weingarten« seiner Tochter Martha. Kein Wunder also, daß die Insel die erste in Massachusetts lizensierte Winzerei besitzt. Ebenso wie Cape Cod eiszeitlich entstanden, bietet die sanft geschwungene Moränenlandschaft der Insel Hochmoore, üppige, von Steinwällen umfaßte Weiden, verwunschene Buchten, kleine Seen, Kiefernwälder, eine Steilküste und Strände.

Der Westen der Insel konnte seinen ländlichen Charme bewahren

Im Sommer wird die Insel von Besuchern überschwemmt. Immer wieder gibt es deshalb einheimische Stimmen, die vor Überfremdung und Ausverkauf warnen. Dabei konzentrieren sich die Sommerfrischler vornehmlich in der lauteren und betriebsamen östlichen »down-island«. Die westliche »up-island« dagegen hat ihren ländlichen Charakter bewahren können und läßt sich vorzüglich mit dem Fahrrad erkunden. Hier befinden sich die Winzerei, ausgedehnte Wälder, die Lehmklippen von Gay Head sowie zwei Dörfer der Wampanoag-Indianer.
An der südwestlichen Spitze der Insel liegt die Indianergemeinde Gay Head mit dem spektakulärsten Punkt der Insel:

Cape Cod: Abendstimmung bei Provincetown

Die Strände und das Meer sind die Hauptattraktionen von Provincetown

Auf den Spuren der großen Künstler: Malkurs in Provincetown (unten)

Im Ortskern von Provincetown

Spaziergang auf dem Breakwater-Damm (unten)

Das von portugiesischen Fischern geprägte Provincetown kennt nur zwei Jahreszeiten: die überlaufene Sommersaison und die beschauliche »off-season«. Dank seiner Künstlerkolonie galt P-Town lange als das Greenwich Village North. Zur Hauptsaison kommt ein Hauch von San Francisco hinzu: P-Town ist beliebtes Sommerziel für die Gay Community.

Moderne »Jagd« auf die Wale: Whale Watching

einem roten Leuchtturm auf schroff abfallenden, rot-gelb gefärbten Sandstein- und Lehmklippen. Am Abend, wenn die Sonne untergeht, bietet sich hier ein faszinierendes Farbschauspiel.

Die markantesten Ortschaften der Insel sind Oak Bluffs und Edgartown. Die Hauptattraktion des geschäftigen Oak Bluffs befindet sich hinter den Geschäftsstraßen: ein Universum aus kleinen, viktorianischen und verspielt-bunten Wohnhäuschen, die sich kreisförmig um ein überdachtes Amphitheater anordnen. 1835 errichteten Methodisten dort ihr erstes Sommerlager und begannen damit den – wenn auch religiös motivierten – Sommertourismus. Aus Zelten wurden feste Häuser. Noch heute strahlt der Campground die meditative Ruhe aus, die die Methodisten suchten.

Den weißgetünchten und architektonisch variationsreichen Kapitänsvillen von Edgartown sieht man noch heute den Reichtum an, den der Walfang den Reedern, Kapitänen und Fabrikanten, die den Tran weiterverarbeiten ließen, eingebracht hatte. Selbst die Old Whaling Church an der Main Street gibt sich mit ihrer massiven Säulenfront statusbewußt. Statt Walfänger beherrschen heute Yachten den Hafen, in der Stadt dominieren elegante, teure Unterkünfte.

Eine kleine Fähre bildet die einzige Verbindung nach Chappaquiddick Island. Bekannt ist die Insel durch ihre Naturschutzgebiete und unberührten Strände. In die Schlagzeilen kam sie jedoch, als sich der Bruder John F. Kennedys, Edward Kennedy, hier um seine Präsidentschaftskarriere brachte: Nach einer Party kam er von der Straße ab, der Wagen stürzte ins Wasser, wobei seine Mitarbeiterin Mary Jo Kopechne ertrank.

Auf Nantucket wurde die Vergangenheit konserviert

Nantucket weiter östlich ist das neuenglische Amrum. Kleiner und die »entferntere Insel«, wie der indianische Name sagt, ist die Zeit hier durch konsequente Denkmalpflege stehengeblieben, nachdem Kriege und Petroleum auch Nantuckets Walfangindustrie Mitte des 19. Jahrhunderts das Ende brachten. Zahlreiche Häuser aus dem 18. und 19. Jahrhundert machen Nantucket Town zu einem architektonischen Juwel. Unter ihnen befinden sich auch viele Kapitänsvillen oberhalb des Hafens, von denen aus die Hausherren das Treiben im Hafen überblicken konnten.

Der Walfang und der Einfluß der eigensinnigen Quäker machten die Insulaner zu einer heimatverwurzelten Schicksalsgemeinschaft. Noch heute ist Martha's Vineyard »that other island«, und wer aufs Festland übersetzt, fährt »in die USA«. Gerade wegen der schönen Strände, dem historischen Juwel Nantucket Town und der Ruhe, die die Insel über weite Strecken bietet, werden Tourismus und Bebauung heutzutage Grenzen gesetzt. Man will ja schließlich erst gar nicht wie »that other island« – Martha's Vineyard – werden.

Bucht mit repräsentativen Sommerhäusern auf Martha's Vineyard

In der alten Walfängerstadt Nantucket Town

Herbstliches Kürbisarrangement in West Tisbury

Quincy

Karte: Seite 112/113, Planquadrat G/H 4.
Anreise: Auto: 15 Autominuten südlich von Boston über Rt. 3. Zug: Nahverkehrszüge von Boston.
Sehenswürdigkeiten: Adams National Historic Site (135 Adams St., Tel. 617/773-11 77) umfaßt das Anwesen der Adams-Familie, die den 2. und 6. Präsidenten der USA hervorbrachten. Ihr Familiensitz zeigt Leben und Wirken der Familie. Quincy schrieb auch heute noch sichtbare Industriegeschichte: Hier begannen die amerikanische Eisenproduktion (1644) und der kommerzielle Schienenverkehr (1826). Ein bogenartiger Erdwall an der Quincy Bay markiert den Moswetuset Hummock, Sitz der Massachusetts-Indianer, die dem Staat seinen Namen gaben.
Information: Quincy Tourism Association, 853 Hancock St., Tel. 617/472-84 17.

Plymouth

Karte: Seite 112/113, Planquadrat H 4.
Anreise: Auto: Von Boston über Rt. 3. Bus: Die Plymouth and Brockton Street Railway Co. fährt von Boston nach Plymouth (Tel. 508/746-03 78).
Unterkunft: »Pilgrim Sands Motel« (150 Warren Ave., Rt. 3A, Tel. 508/747-09 00, Fax 508/746-80 66): gegenüber Plimoth Plantation gelegen; »John Carver Inn« (25 Summer St., Tel. 508/746-71 00, Fax 508/746-82 99): zentral gelegen.
Sehenswürdigkeiten: »America's Hometown« ist ein einziges Museum. Hauptattraktionen sind der originalgetreue Nachbau der »Mayflower« (»Mayflower II«, State Pier, Tel. 508/746-16 22) und das Museumsdorf Plimoth Plantation (Rt. 3A, südl. von Plymouth, Tel. 508/746-16 22; April–Nov. 9–17 Uhr), beide auch wegen der historischen Darsteller sehenswert. Im Ort selbst schaut die Statue von Massasoit, dem freundlichen Häuptling der Wampanoags, von Coles Hill, dem ersten Friedhof, hinab auf den Plymouth Rock, erster Landepunkt der Siedler. In seinem Rücken erzählt das Plymouth National Wax Museum die Geschichte der Pilgrims (16 Carver St., Tel. 508/746-64 68). Auf der südlichen Seite der Leyden St. lag die ursprüngliche Plimoth Plantation. Am nördlichen Ende der Water St. zeigt Cranberry World alles zur Preiselbeere, interessant hauptsächlich zur Erntezeit im Herbst (225 Water St., Tel. 508/747-23 50, Mai–Nov. 9.30–17 Uhr).

REISE-INFO
MASSACHUSETTS: SÜDOSTEN

Restaurants: »The Lobster Hut« (Town Wharf, Tel. 508/746-22 70): einfach und reichhaltig, Fisch, Hummer und Muscheln. »Isaac's« (114 Water St., Tel. 508/830-00 01): Seeblick, gehobeneres Ambiente.
Information: Plymouth Information Center, 130 Water St., Tel. 508/747-75 25.

Martha's Vineyard

Karte: Seite 112/113, Planquadrat I 4.
Anreise: Schiff: Auto- und Personenfähre von Woods Hole (Steamship Authority, Tel. 508/477-86 00, Reservierung für Autos ist notwendig unter 508/540-20 22), Personenfähre von Hyannis (Hy-Line, Tel. 508/778-26 00). Flugzeug: Flugverbindungen bestehen mit Boston, New Bedford und Hyannis.
Unterkunft: Reservierungen über »Martha's Vineyard and Nantucket Reservations« (Box 1322, Lagoon Pond Rd., Martha's Vineyard, Tel. 508/693-72 00, Fax 508/693-18 78).
Sehenswürdigkeiten: Methodist Camp Meeting Grounds (im Zentrum von Oak Bluffs) und die Massachusetts State Lobster Hatchery, wo man die Aufzucht Tausender kleinster Hummer erleben kann (Shirley Ave., Tel. 508/693-00 60). Von Edgartowns herrschaftlichen Kapitänsvillen erzählt das Vineyard Museum (Edgartown, Cooke und School St., Tel. 508/627-44 41). Chicama Vineyards kann besichtigt werden (West Tisbury, Stony Hill Rd., Tel. 508/693-03 09).
Ausflüge: Erst Rundfahrten per Rad oder Auto erschließen die landschaftliche Vielfalt der Insel. Besonders schön: eine Fahrt über die Middle Road zwischen West Tisbury und Chilmark. Spektakulär besonders zum Sonnenuntergang sind die Gay-Head-Klippen im Südwesten.
Strände: Menemsha Beach und Joseph Sylvia Beach.
Information: Martha's Vineyard Chamber of Commerce, Vineyard Haven, Beach Road, Tel. 508/693-00 85.

»Role Player« auf der »Mayflower II« in Plymouth

Cape Cod

Karte: Seite 112/113, Planquadrat H 4/5.
Anreise: Auto: Über Rt. 28 oder 6; Bus: Plymouth & Brockton Street Railway Co. (Tel. 508/746-03 78) verbindet Boston und Cape Cod per Bus; Zug: Im Sommer verkehren Amtrak-Züge von New York nach Hyannis (Tel. 800/USA-RAIL); Schiff: Bay State Cruises (Tel. 617/723-78 00) betreibt in der Saison ein Schiff zwischen Boston und Provincetown.
Unterkunft: Cape Cod bietet Unterkünfte jeder Art einschließlich Campingplätze (Unterkunftsverzeichnisse und Reservierung bei der Handelskammer (siehe »Information«) und Agenturen (Bed & Breakfast Cape Cod, Tel. 508/775-27 72, Fax 508/775-28 84) oder Provincetown Reservation System (Tel. 508/487-24 00). Rechtzeitige Reservierungen für den Sommer sind unerläßlich.
Sehenswürdigkeiten: Das schöne ***Sandwich*** präsentiert Lokalgeschichte im Sandwich Glass Museum, das den Ort als ehemaliges Zentrum der Glasmacherei porträtiert (129 Main St., Tel. 508/888-02 51; tgl. 9.30–16 Uhr). Das Hoxie House ist ein seit 1675 fast unverändertes »Salt Box House«, wie es damals hier gebaut wurde (Rt. 130, Tel. 508/888-11 73). Das Pilgrim's Monument (Nachbau des Kampaniles im italienischen Siena) und das dort befindliche ***Provincetown*** Museum erinnern an den ersten Landgang der Mayflower-Besatzung und an die Lokalgeschichte (High Pole Hill, Tel. 508/487-13 10; April–Nov. tgl. 9–17 Uhr). Eine Plakette markiert in ***Eastham*** den Ort des ersten Aufeinandertreffens weißer Siedler und Indianer (Samoset Rd.).
Restaurants: Restaurants und Bars konzentrieren sich in Provincetown an der Commercial St.
Ausflüge: Viele Wanderrouten durchziehen die Halbinsel: Der Cape Cod Rail Trail, eine ehemalige Gleisstrecke, ist die beliebteste Radstrecke und führt von Dennis nach Eastham (35 km). Die Cape Cod National Seashore bietet Rad- und

Die »Lagoda« ist das größte Schiffsmodell im interessanten New Bedford Whaling Museum

Fußwanderwege (Salt Pond Visitor Center, Rt. 6 bei Eastham, Tel. 508/255-34 21). Segeltörns und Walbeobachtungsfahrten starten von Provincetown (MacMillan Wharf). Zwischen Hyannis und Sagamore fährt zur Hochsaison die Cape Cod Scenic Railroad (Main and Center St., Hyannis, Tel. 508/771-37 88).
Strände: Von den 150 Sandstränden sind einige besonders empfehlenswert: Race Point Beach/Provincetown (FKK), Head of the Meadow Beach/North Truro (an einer Steilküste), Nauset Beach/Eastham (viel Beachlife), Harding Beach/Chatham und Sandy Neck Beach/East Barnstable (10 km langer Strand).
Information: Cape Cod Chamber of Commerce (Rt. 6./132, Hyannis, Tel. 508/362-32 25). Informationskioske an den Brücken der Rt. 6 über den Cape Cod Canal (Tel. 508/888-24 38) und Rt. 28 (Tel. 508/759-38 14).

Nantucket

Karte: Seite 112/113, Planquadrat I 5.
Anreise: Schiff: Autofähren verkehren nur zur Sommersaison von Hyannis und von Martha's Vineyard (Linien, Tel., s. »Martha's Vineyard«). Flugzeug: von New Bedford und Hyannis.
Unterkunft: Das Informationsbüro erteilt Auskünfte über freie Zimmer. Reservierungen über »Nantucket Accomodations« (Box 217, Tel. 508/228-95 59) und »Martha's Vineyard and Nantucket Reservations« (Box 1322, Lagoon Pond Rd., Tel. 508/693-72 00, Fax 508/693-18 78).
Sehenswürdigkeiten: Neben seinen vielen Stränden (u. a. Surfside Beach) hat die Insel die ideale Größe und Landschaft für Fahrradtouren. Das Insel-Zentrum ist Nantucket Town. In der an historischer Bausubstanz reichen Stadt bietet die Nantucket Historical Association einen Museumspaß für das Walfang-Museum, Nantuckets Geschichtsmuseum und einige der ältesten Häuser der Insel (Broad St., Tel. 508/228-18 94; Mai–Sept. 11–15 Uhr).
Einkaufen: In Nantucket Town Kunstgalerien, Boutiquen, Antiquitätenhandlungen, Kunsthandwerksgeschäfte.
Information: Nantucket Information Bureau, 25 Federal St., Tel. 508/228-09 25.

New Bedford

Karte: Seite 112/113, Planquadrat H 4.
Anreise: Auto: von Boston über Rt. 24.
Unterkunft: »Day's Inn New Bedford« (500 Hathaway Rd., Tel. 508/997-12 31, Fax 508/984-79 77). »Durant Sail Loft Inn« (1 Merrill's Wharf, Tel. 508/999-27 00.
Sehenswürdigkeiten: Im restaurierten Waterfront District befindet sich das New Bedford Whaling Museum, das die ehemalige »Rohstoffindustrie« Walfang facettenreich darstellt und heute das Leben der Wale erforscht (18 Johnny Cake Hill, Tel. 508/997-00 46; Mo–Sa 9–17, So 11–17 Uhr).
Restaurants: »Rosie's Restaurant« (300 Hathaway Road, Tel. 508/990-37 00): ein Hauch von New Orleans. »Davy's Locker« (1480 East Rodney French Blvd., Tel. 508/992-73 59): mehrfach als Fischrestaurant ausgezeichnet.
Information: Waterfront District Visitor Center, Pier 3, Tel. 508/979-17 45.

Fall River

Karte: Seite 112/113, Planquadrat H 4.
Anreise: Auto: von Boston über Rt. 24.
Unterkunft: »Best Western« (360 Airport Rd., Tel. 508/672-00 11, Fax 676-62 51).
Sehenswürdigkeiten: Battleship Cove (Tel. 508/678-11 00) im Hafen von Fall River umfaßt den Fall River Heritage State Park, der im Nachbau einer Textilfabrik an die wichtigste Industrie der Stadt erinnert. Nebenan ziehen fünf moderne Kriegsschiffe und der durch »Die Meuterei auf der Bounty« bekannt gewordene Nachbau der »H. M. S. Bounty« etwa 200 000 Besucher pro Jahr an (Juli/Aug. tgl. 10–18 Uhr, Sept.–Juni Mi–Fr 12–16, Sa/So 10–16 Uhr).
Restaurants: »Waterstreet Café« (36 Water St., Tel. 508/672-87 48): Nähe Battleship Cove. »Sagres Restaurant« (181 Columbia St., Tel. 508/675-70 18): portugiesische Küche.
Einkaufen: Im »Birthplace of Factory Outlet Shopping« machen etwa 70 Factory Outlets zum Teil in alten Textilfabriken das Einkaufen zur Qual der Wahl.
Information: Fall River Chamber of Commerce, 200 Pocasset St., Tel. 508/672-82 26.

Einer von über 150 Stränden auf Cape Cod: Longnook Beach

Ebbe im Hafen von Provincetown: Zur Blütezeit des Walfangs war der Ort nach Nantucket und New Bedford das drittgrößte Walfangzentrum Amerikas

Kürbisse in allen Größen in Hyannis

Im Hafen von Nantucket Town

Zahlreiche Binnenseen prägen Cape Cod

New Bedford, Nantucket und Provincetown: Viele Orte an der neuenglischen Küste verdanken den Walen ihren Wohlstand. New Bedford galt zu Anfang des 19. Jahrhunderts weltweit als die Stadt mit dem höchsten Pro-Kopf-Einkommen. Heute werden die kostbaren Nachlassenschaften jener Epoche sorgsam konserviert. Die Wale wurden fast vollständig ausgerottet. Nun sind die riesigen Meeressäuger ein beliebtes Ziel für Whale-Watching-Touren.

Amerikanische Oldtimer auf der Heritage Plantation in Sandwich

MASSACHUSETTS: NORDEN, WESTEN

Landschaft aus dem Bilderbuch

Im herbstlichen Sunderland (Foto) zeigt sich Neuengland von seiner besten Seite: Buntes Laub bedeckt die Hügel, in makellosem Weiß erstrahlt die Dorfkirche. Hier wirkt Massachusetts noch wie vor Jahrhunderten. Die Vergangenheit ist allgegenwärtig und wird in vielerorts wieder lebendig: in der Hexengemeinde Salem, im Old Sturbridge Village und in der Textilstadt Lowell.

Massachusetts macht sich breit: Er ist der einzige Neuengland-Staat, der die Region von der Atlantikküste bis zur New Yorker Staatsgrenze komplett durchmißt. Entsprechend breit bedacht wird das Land in Schilderungen von Neuengland. Doch meist steht dabei Boston im Vordergrund, die »Provinz« bleibt außen vor. Bostons Randgemeinden jedoch profitieren von der Nähe der Metropole und ihrem Glanz, der auch sie leuchten läßt. Aber viele Orte haben auch ihr ganz eigenes, reiches historisches Erbe. Das Umland von Boston lädt deshalb ein zu einer Zeitreise zu den Höhepunkten der Geschichte dieses Bundesstaates.

Salisbury Beach: Charme der fünfziger Jahre

Rockports Bearskin Neck ist ein begehrtes Shopping-Ziel

In Essex gibt es mehr als 60 Antik- und Trödelläden

Alter Glanz, sorgsam konserviert: Reedervilla in Salem

Die Zeitreise beginnt im nördlich gelegenen Salem, einer der ältesten Gemeinden Neuenglands und Geburtsort des Schriftstellers Nathaniel Hawthorne (1804–1864). Die Hinrichtung von 20 vermeintlich vom Teufel Besessenen sowie zwei Hunden im 17. Jahrhundert ist der häßliche Höhepunkt einer Hexenhysterie, die im Umland von Salem begonnen hatte. Von 165 Menschen, die im Zuge der Hysterie der Hexerei verdächtigt worden waren, waren 55 »geständig«.

Im Bann des Teufels: Hexen in Salem

Historiker führen als Grund für diesen Exzeß die besondere Situation der zweiten Generation der puritanischen Einwanderer an: Religiöse Abweichler wie Roger Williams, feindlich gesonnene Indianer sowie Kompromisse des puritanischen Lord Protector Oliver Cromwell in der alten Heimat verstärkten das Gefühl der inneren wie äußeren Bedrohung. Übersteigerte Frömmigkeit und religiöser Dogmatismus schufen als Gegenreaktion eine Spannung, die sich

Die North Shore erstreckt sich zwischen Boston und der nördlich gelegenen Mündung des Merrimack River. Der Küstenstrich lebte lange von der Seefahrt. So verwundert es nicht, daß die North Shore mit Salem den einst reichsten und mit Gloucester den ältesten Hafen der USA vorweisen kann. Orte wie Marblehead, Essex, Ipswich und Newburyport haben abseits touristischer Trampelpfade ihr historisches Gesicht wahren können. Versteckt in waldreichen Buchten und unberührt von der heftigen und kurzen Saison liegen Sommervillen wohlhabender Bostoner.

Rockports berühmtestes Motiv: der rote Hafenschuppen, der tausendfach auf Bildern verewigt wurde

Ein Kapitän ließ sich im Jahr 1668 das House of the Seven Gables in Salem errichten

schließlich in einer Denunziationswelle entlud und die Nachbarn, Freunde und Verwandte mit einem Mal zu Agenten des Teufels machte.

Angefangen hatte alles im Hause eines lokalen Geistlichen, wo die karibische Sklavin Tituba den Töchtern abergläubische Geschichten erzählt hatte. Krampfartige Anfälle und unverständliches Gestammel der Mädchen wurden als Besessenheit diagnostiziert, und unter Befragung »gestanden« die Mädchen, von Tituba und einigen älteren Frauen der Gemeinde verhext worden zu sein. Die Hoffnung, durch Anschwärzen alte Rechnungen begleichen zu können oder gar an das Eigentum von Verdächtigen zu kommen, waren weitere – ganz und gar weltliche – Motive für die folgende Denunziationswelle.

Knapp 250 Jahre später verarbeitete der Bühnenautor Arthur Miller in seinem Stück »Hexenjagd« diesen historischen Stoff zu einem Drama, mit dem er auf den ähnlich denunziatorischen Antikommunismus der Nachkriegsjahre in den USA aufmerksam machte.

Den Religionsexzessen folgte ein Wirtschaftsboom

Die Hexenhysterie brachte das puritanische Neuengland zur Besinnung. Die Menschen kümmerten sich nun mehr um weltliche Dinge. Auch das trug dazu bei, daß die Region zur führenden Wirtschaftsmacht an der Ostküste aufstieg. Tatsächlich war es gerade Salem, das zur Gründung der USA einer der reichsten Handelshäfen der jungen Nation war, bevor Boston die Stadt überflügelte. Architektur und Museen erzählen von der Gründung und der maritimen Karriere Salems, doch vom einst so geschäftigen Hafen blieben nur das alte Zollhaus und die Derby Wharf.

Auch die Gemeinde Lowell hatte ihren Anteil am Wirtschaftsboom Neuenglands. Die Stadt wurde im frühen 19. Jahrhundert eines der Zentren der amerikanischen Textilindustrie. Die Baumwollfabrikanten erzielten dank der in England entwickelten Webstühle und der Wasserkraft, mit der Neuengland reich gesegnet war, gewaltige Profite. Der Merrimack River, an dem Lowell liegt, war eine solche Energiequelle. Ingenieure hatten diesen Flußabschnitt als idealen Standort für eine neue Industrieansiedlung ausgemacht, und so entstand hier in kurzer

Zeit die Reißbrettstadt Lowell. Bemerkenswert waren die »mill girls«, junge Frauen aus dem ländlichen Neuengland, die in der Fabrikarbeit eine Befreiung von der Schufterei in der Landwirtschaft sahen. In ihrer Autobiographie »A New England Girlhood« schilderte Lucy Larcom 1889 die Härten, aber auch die neuen wirtschaftlichen und kulturellen Freiheiten, die die »mill girls« in Lowell und anderswo genossen. Noch »billigere« Ein-

Minuteman-Denkmal in Lexington

wanderer verdrängten die »mill girls« schließlich, bevor die Textilfabrikanten Neuengland Anfang des 20. Jahrhunderts nach erbitterten Streiks um bessere Arbeitsbedingungen den Rücken kehrten. Kanäle und leere Fabrikhallen bieten heute als National Historic Park einen authentischen Einblick in den Alltag einer neuenglischen Textilstadt.
Regelmäßig erinnert Lowell auch an den Schriftsteller Jack Kerouac, die Ikone der Beat-Generation, der hier als Nachfahre franko-kanadischer Textilarbeiter aufwuchs. Von Lowell startete er seine rastlosen Reisen von Küste zu Küste, die er in seinem Kultroman »On the Road« verewigte, ständig auf der Flucht vor dem selbstgefälligen Spießertum der fünfziger Jahre.
Lexington und Concord stellen einen patriotischen Höhepunkt dar. Hier lieferten sich am 19. April 1775 Bauernmiliz und britische Truppen, die »Rotröcke«, ihre erste bewaffnete Auseinandersetzung im amerikanischen Unabhängig-

Dörfliches Leben und Arbeiten im frühen 19. Jahrhundert präsentiert das Old Sturbridge Village

Geschichte zum Miterleben: Old Sturbridge Village

Massachusetts bietet viele Möglichkeiten, in die Geschichte einzutauchen. Seit 1946 ermöglicht das Old Sturbridge Village authentische Innenansichten in das dörfliche Leben Neuenglands vor etwa 160 Jahren. 40 Gebäude, Gärten, Wiesen, Tiere, Werkzeuge und Maschinen sowie die historischen »Rollenspieler« machen die Vergangenheit hautnah erfahrbar.

Die Kürbisernte gehört ebenfalls zum historischen Sturbridge

Fähre im Old Sturbridge Village

Walden Pond, Thoreaus Fluchtpunkt vor der Zivilisation (unten)

keitskrieg. In Concord fiel dabei »der Schuß, der um die Welt ging«, wie Ralph Waldo Emerson später dichtete. Über 300 Soldaten und Minutemen, bewaffnete Siedler, die ihr Gewehr innerhalb einer Minute nachladen konnten, bezahlten dieses ganztägige Scharmützel mit dem Leben.

Heutzutage erwachen beide Orte am Patriot's Day, dem dritten Montag im April, gegen fünf Uhr morgens zu ungewöhnlichem Leben, wenn einheimische Freizeithistoriker in Originalkostümen den dramatischen Tag zunächst auf dem Dorfanger von Lexington und dann auf der Battle Road nach Concord nachspielen.

Concord: Heimat der Dichter und Denker

Im 19. Jahrhundert wurde Concord zur Kolonie der führenden Köpfe in Philosophie und Literatur. Selbstbewußt deklarierten sie die intellektuelle Unabhängigkeit von Europa und setzten sich kritisch mit der sich rasch industrialisierenden Heimat auseinander. Henry David Thoreau zog sich aus Protest gegen das »nervöse, geschäftige und triviale« 19. Jahrhundert ins freiwillige Exil an den benachbarten Walden Pond zurück. Die dort angefertigten Notizen wurden eine umfassende, romantisch gefärbte Zivilisationskritik der USA.

Andere, wie Nathaniel Hawthorne, sympathisierten mit frühsozialistischen Kommunen. Ralph Waldo Emerson, zeitweiliger Nachbar von Hawthorne und Thoreau, formulierte nicht nur Grundsätze einer eigenständigen amerikanischen Philosophie, sondern warnte wie seine Nachbarn vor zu viel Materialismus und einem »seichten Amerikanismus«. Ihre letzte Ruhestätte fanden diese berühmten »Concordianer« auf dem zentralen Sleepy-Hollow-Friedhof.

Bestseller-Autoren aus Neuengland: King, Gordon, Irving, Kotzwinkle

Obwohl Neuengland bevorzugte Residenz für viele Kreative blieb, gab die Region ihre kulturelle Vormachtstellung im 20. Jahrhundert an New York und andere Zentren des Landes ab. Doch Neuengland profitiert nach wie vor von »Zugereisten« und der New Yorker »Szene«, die sich gerne in kreativer Absicht ins ruhigere Neuengland zurückzieht. Zu den »Eigengewächsen« gehören jedoch immerhin vier Autoren mit Welterfolg: John Irving mit seinem Hang für das Bizarre und Exzentrische im Alltag, Stephen E. King, der sein Grusel-Werk schon mal als »literarisches Äquivalent eines Big Mac mit einer Portion Pommes« beurteilt, Noah Gordon, den »Der Medicus« und »Der Schamane« berühmt machten, und William Kotzwinkle, der »E. T.« schuf – und anderes sehr Lesenswertes.

Das westlich anschließende Herzland von Massachusetts präsentiert sich als sanft geschwungenes, abwechslungsreiches Gesprengsel aus Feldern, Äckern und Wäldern, eiszeitlichen Seen und neuenglischen Dörfern. Das parkreiche Worcester, das im geographischen Zentrum Neuenglands liegt, blickt auf eine lange Industriegeschichte zurück und gilt als Zentrum neuenglischen Pioniergeistes. Hier entstanden Teppichwebmaschine, Dampforgel, Antibabypille und Flüssigtreibstoff-Rakete, hier hatten die Republikanische Partei und das Frauenwahlrecht ihren Ursprung.

Das Worcester Art Museum gilt als zweitgrößtes Kunstmuseum Neuenglands und besitzt eine umfassende Sammlung amerikanischer Malerei. Doch Worcester liegt eindeutig im Schatten von Boston und wird von den meisten Besuchern auf dem Weg nach Old Sturbridge Village rechts liegengelassen. Hier, in einem der meistbesuchten Freilichtmuseen des Landes, wurden auf knapp einem Quadratkilometer über 40 historische Häuser

Veranda des traditionellen »Red Lion Inn« in Stockbridge

Villen am Merrimack River in Lowell, der ersten planvoll angelegten Industriestadt der USA

Stoßverkehr in Lowell, das heute von Elektronik- und Computerfirmen und dem Tourismus lebt

Schulbus am Quabbin Reservoir, einem Naturschutzgebiet in der Nähe von Worcester

Lenox wurde von seinen wohlhabenden Sommergästen geprägt

»Academy of Music« im Collegeörtchen Northhampton

Trotz seiner kompakten Größe besitzt das Inland von Massachusetts viele Gesichter. Flüsse, Wasserreservate wie das Quabbin Reservoir und etwa 100 Parks und Staatsforste ermöglichen Begegnungen mit der Natur nur einen Steinwurf entfernt von industriellen Zentren wie Lowell. Von diesem natürlichen Erholungswert des Staates leben Orte wie Lenox oder Stockbridge, aber auch die dicht über den Staat verteilten Landgasthäuser. Einige von ihnen haben sogar Geschichte geschrieben, wie das »Red Lion Inn« in den Berkshires oder das »Wayside Inn« bei Boston.

aus allen Teilen Neuenglands in einer großzügigen Grünanlage zu einer typischen Landgemeinde aus dem frühen 19. Jahrhundert zusammengetragen. Anschaulichkeit und Authentizität gewinnt das Dorf durch seine »Bewohner«, die in zeittypischer Kleidung ihrem Tagesgeschäft nachgehen. Besucher aus dem 20. Jahrhundert werden in der einklassigen District School von der Lehrerin mit Stock und schneidender Stimme »kujoniert«; der Dorfanwalt berät in seinem kleinen Büro am zentralen Gemeindeplatz zu Erbschaftsfragen. Der Geruch von frisch gemahlenem Getreide in der wasserkraftbetriebenen Mühle, von Apfelmost aus der Cider Mill, von Heu, das auf Ochsenkarren durch das Dorf transportiert wird, versetzen in die »gute alte Zeit« zurück, als Beschaulichkeit und Mühseligkeit im dörflichen Neuengland Hand in Hand gingen.

Vorzeigedorf im Pioneer Valley: Historic Deerfield

Noch hundert Jahre zuvor war von dieser Beschaulichkeit im fruchtbaren Tal des westlich anschließenden Connecticut River wenig zu spüren. Das Tal, in dem auch Tabak angebaut wird, zog schon im 17. Jahrhundert Siedler an. Doch blutige und verlustreiche Indianerüberfälle machten es lange Zeit zum lebensgefährlichen »Wilden Westen« – zum Pioneer Valley. Das bekam auch Deerfield zu spüren, das heutzutage als Historic Deerfield einer der schönsten und besterhaltenen historischen Orte Neuenglands ist. Viele Häuser entlang der alleeartigen Hauptstraße wurden sorgfältig restauriert und sind öffentlich zugänglich. Im Memorial Hall Museum befindet sich die von indianischen Axtschlägen gekennzeichnete Tür des John-Sheldon-Hauses. Sie dokumentiert die blutigen Indianer-Attacken, durch die der Ort 1675 und 1704 zerstört wurde.
Da auf dem Connecticut River keine größeren Schiffe fahren konnten, blieb das Pioneer Valley wirtschaftlich hinter der Küstenregion zurück. Doch die Bewohner galten von jeher als erfindungsreich, auch was den Sport betrifft: In Springfield wurde 1891 das Basketballspiel erfunden, und im Nachbarort Holyoke entstand das Volleyballspiel.
Und in Sachen Renommierhochschulen nimmt es das Tal problemlos mit Boston auf: Amherst und Hampshire College,

die University of Massachusetts in Amherst sowie die beiden renommierten Frauen-Hochschulen Smith College in Northhampton und Mount Holyoke College in South Hadley sind durch ein Bussystem miteinander verbunden und bilden im Herzen des Staates einen einzigen gewaltigen Campus. Die Lage könnte nicht besser sein: Boston und New York sind beide nur wenige Autostunden entfernt, und vor der Haustür locken die Berkshire Mountains, Massachusetts' Tortenstück der neuenglischen Appalachen.

Lange Zeit aufgrund ihrer Unzugänglichkeit unerschlossen, zog die reizvolle Mittelgebirgslandschaft frühzeitig Besucher in ihren Bann. Hier fühlten sich auch Künstler inspiriert, zum Beispiel Schriftsteller wie Nathaniel Hawthorne, Herman Melville, Edith Wharton, Henry James oder Norman Mailer in jüngerer Zeit. Der Maler Norman Rockwell porträtierte hier, teils romantisierend, teils ironisierend, das amerikanische Kleinstadtleben. Auch der Bildhauer Daniel Chester French wirkte hier. Sein berühmtestes Werk, die Lincoln-Statue in der Hauptstadt Washington, entwarf er in seinem Studio in Stockbridge. Auch die entsprechende Kundschaft klopfte an: reiche und erholungsbedürftige New Yorker und Bostoner, die hier ihre Sommerresidenzen errichteten, so daß die Berkshires bald den Ruf eines »inländischen Newports« hatten.

Lenox: Ferienort der Reichen, Sommercamp der Symphoniker

Noch heute zeugen wohlhabende Ortschaften von dieser Stammklientel. Kometenhaft zum Beispiel war der Aufstieg von Lenox zum Ferienort für den New Yorker Geldadel. Ein schönes Beispiel für die opulenten »summer cottages«, die man sich hier leistete, ist »The Mount«, die Sommerresidenz der Schriftstellerin Edith Wharton, die durch ihre realistisch-ironischen Romane über den Niedergang der wohlhabenden »aristokratischen« Kreise Amerikas berühmt wurde. Heute wird Lenox im Sommer regelmäßig von Klassikbegeisterten überrannt, denn in unmittelbarer Nachbarschaft befindet sich Tanglewood, das Sommercamp der Bostoner Symphoniker, die hier ihre begehrten Freiluftkonzerte auf einer Waldbühne veranstalten. Kein Zweifel, die Kombination aus Bilderbuchdörfern, reiner Luft, dem farbenfrohen Herbst und guten Wintersport-Bedingungen garantierte den Berkshires bis in die heutige Zeit Beliebtheit bis zum gelegentlichen Verkehrsinfarkt. Auf der Route 7 kann man dem Weg der ersten Siedler folgen, die von Connecticut aus dem Housatonic River nach Norden folgten. Im Norden erschließt der Mohawk Trail die Berkshires in Ost-West-Richtung und bietet zur herbstlichen Laubfärbung ein unvergeßliches Querschnittspanorama dieser Landschaft.

Great Barrington ist das südliche Zentrum der Berkshires. Hier, wo einst die Mohikaner an einer Furt des Housatonic River ein Lager hatten, brach 1787 die Shay's Rebellion zusammen, der erste Sozialkonflikt der jungen Nation, als sich verschuldete Bauern und unzufriedene Kriegsveteranen gegen Steuereintreibungen und Schuldnerprozesse wehrten. Nach einer durchzechten Nacht in Stockbridge mußten sich die Rebellen mit ihren Geiseln nach einem Schußwechsel in Great Barrington der Bürgerwehr von Sheffield ergeben. Doch der Aufstand bewirkte, daß der Gouverneur James Bowdoin von John Hancock beerbt wurde, der umgehend Reformen einleitete. Das Schicksal der Housatonic-Indianer nahm einen anderen Lauf. In einem

Pittsfield: Hancock Shaker Village (unten)

Williamstown: Nachwuchs vor dem renommierten Williams College (unten)

Im sanften Hügelland der Berkshires ließen sich im 19. Jahrhundert zahlreiche Künstler und Wohlhabende nieder. Besonders in Lenox und Stockbridge haben sie ihre Spuren hinterlassen. In Pittsfield verfaßte Hermann Melville »Moby Dick«. In Williamstown trugen die Clarks eine wertvolle Kunstsammlung zusammen.

Früh übt sich, wer ein Meister im Nationalsport werden will: Football in einem Park von Pittsfield

Villa auf dem Campus des Williams College

Foyer im Williams College Museum of Art

Mainstreet in North Adams

seltenen Experiment sollten sie durch das enge Zusammenleben mit Siedlern im benachbarten Stockbridge »englifiziert« und integriert werden, doch weißer Landhunger brachte dieses Experiment zum Scheitern und sorgte dafür, daß die Indianer sich nach Westen absetzten.

In unmittelbarer Nachbarschaft zum munteren Leben der Ferienorte liegt das Hancock Shaker Village. Von 1790 bis 1960 lebte in diesem guterhaltenen Dorf eine von 18 religiösen Shaker-Gemeinden, die in Amerika ihr Ideal eines Gottesreiches auf Erden verwirklichen wollten. Die englische Gründerin Mother Ann Lee war 1774 mit einigen Anhängern nach Amerika emigriert. Die Säulen ihres irdischen Gottesreiches waren das Gemeineigentum, das Zölibat, die Gleichberechtigung der Geschlechter und das Prinzip der wirtschaftlichen Selbstversorgung. Um 1830 lebten etwa 250 Brüder und Schwestern in dieser selbsternannten »city of peace« – insgesamt waren es in Amerika rund 4000.

Die Shaker stehen kurz vor dem Aussterben

Doch die Reize und Annehmlichkeiten der Außenwelt entzogen den meisten Shaker-Gemeinden den »Nachwuchs« – obwohl sie, anders als die Amischen, keineswegs weltfremd waren und technische Errungenschaften wie Strom, Telefon und Auto übernahmen. Doch das Zölibat ließ sie sprichwörtlich aussterben. 1960 mußten die Shaker das Hancock Village wegen Mitgliederschwund aufgeben. Das Dorf wurde zur Museumssiedlung mit 20 Gebäuden, in schlichtem Weiß und Rot und mit sauber angelegten Küchenbeeten. Neben der funktionalen Schlichtheit des heute oft kopierten Mobiliars bestechen die architektonisch herausragende Rundscheune und das ausgeklügelte Kühlhaus. Im großen Versammlungsraum des zentralen Backsteingebäudes fanden die von schüttelartigen Tänzen begleiteten Gottesdienste statt, die den Shakern ihren Namen gaben.

Doch einen echten »Shaker-Gottesdienst« – allerdings in moderner Form ohne »that shaking thing« – kann man heute nur noch in Sabbathday Lake in Maine erleben. Dort existiert die letzte Gemeinde dieser christlichen Sekte, die kurz vor dem Aussterben steht: Nur noch acht Shaker harren aus in ihrer Siedlung nördlich von Portland.

Landidylle in Sunderland im Pioneer Valley am Unterlauf des Connecticut River

In Sunderland wird der Mais noch von Hand geerntet

Historic Deerfield: Eßzimmer im Williams House aus dem 18. Jahrhundert

North Shore

Karte: Seite 112/113, Planquadrat G 4.
Anreise: Auto: s. Salem; Zug: von Bostons North Station fahren Züge nach Salem, Beverly, Gloucester, Rockport und Ipswich. Bus: »The Coach Company« (Tel. 800/874-33 77) verbindet Boston mit Newburyport. »Cape Ann Transportation Authority« (Tel. 508/283-79 16) fährt die Gloucester/Rockport-Region an.
Unterkunft: Newburyport: »Clark Currier Inn« (45 Green St., Tel. 408/465-83 63): sehr gepflegte B & B-Unterkunft. Rockport: »Addison Choate Inn« (49 Broadway, Tel. 508/546-75 43, Fax 508/546-7638); »Captain's Bounty Motor Inn« (1 Beach St., Tel. 508/546-95 57).
Sehenswürdigkeiten: Marblehead, Ipswich und Newburyport sind reich an guterhaltenen Häuserensembles aus der Kolonial- und Gründerzeit. Auskunft über die teilweise zugänglichen Häuser geben die Handelskammern (s. »Information«). Am westlichen Ortseingang von Gloucester steht eine der meistfotografierten Statuen Neuenglands, »The Gloucester Fisherman«, ein Denkmal für die vielen Seeleute, die nicht vom Fischfang zurückkehrten.
Ausflüge: Direkt an der Grenze zu New Hampshire liegt der Badeort Salisbury Beach, der mit seinen Stelzenbauten und Kirmesangeboten den nostalgischen Charme der fünfziger Jahre versprüht. Von Gloucester starten viele Walbeobachtungsfahrten (z. B. »Cape Ann Whale Watch«, Tel. 508/283-51 10, oder »Seven Seas Whale Watch«, Tel. 508/283-17 76).
Einkaufen: Rockports vielbesuchte und touristische Geschäftsmeile an der Spitze von Cape Ann profitiert von den vielen Postkartenmotiven im Hafen; Ost-Gloucester besitzt mit der Rocky Neck Art Colony eine kleine Künstlerkolonie; Sammler von Antiquitäten und Americana zieht es nach Essex, wo sich Händler und Trödler entlang der Main Street konzentrieren.
Restaurants: Newburyport: »Scandia« (25 State St., Tel. 508/462-62 71); »Fowle's Soda Shop« (17 State St., Tel. 508/465-05 81): heimeliges, einfaches Diner mit Kiosk; Rockport: »Brackett's Oceanview Restaurant« (27 Main St., Tel. 508/546-27 97) und »My Place by the Sea« (Bearskin Neck, Tel. 508/546-96 67): beide mit Seeblick.
Information: North of Boston Visitor and Convention Bureau (Beverly: 248 Cabot St., Tel. 508/921-49 90), Cape Ann Chamber of Commerce (Gloucester: 33 Commercial St., Tel. 508/283-16 01), Greater Newburyport Chamber of Commerce (29 State St., Tel. 508/462-66 80).

Lexington, Concord

Karte: Seite 112/113, Planquadrat G 3/4.
Anreise: Auto: Schön ist die Rt. 2A von Harvard Square (Cambridge); Zug: von Bostons North Station nach Concord, nach Lexington vom Bahnhof Waltham.
Sehenswürdigkeiten: Auf Lexingtons zentraler Grünfläche, dem Battle Green, erinnert das Minuteman-Denkmal an die acht Widerständler, die am 19. April 1775 im britischen Kugelhagel starben. Der Minuteman National Historical Park erstreckt sich von Lexington bis Concord. Das Battle Road Visitor Center (Mass. Ave., Tel. 617/862-77 53) und North Bridge Visitor Center in Concord (174 Liberty Rd., Tel. 508/369-69 93) informieren ausführlich über Verlauf und Sehenswürdigkeiten dieses entscheidenden Tages im Unabhängigkeitskampf.
Wie Literaten und Philosophen in Concord lebten und wirkten, zeigen die folgenden Häuser (Öffnungszeiten in der Regel 10–17 Uhr): Old Manse (Monument St., Tel. 508/369-39 09, nahe North Bridge; tgl. Mitte April–Okt.), zeitweilig bewohnt sowohl von Nathaniel Hawthorne als auch von Ralph Waldo Emerson. In The Wayside (455 Lexington Rd., Tel. 508/369-69 75; Mitte April–Okt.) und dem Orchard House (399 Lexington Rd., Tel. 508/369-41 18) waren Hawthorne und Louise May Alcott Nachbarn. Das Ralph Waldo Emerson House (28 Cambridge Turnpike, Tel. 508/369-22 36; Mitte April–Okt., Do–So) und das Thoreau Lyceum (156 Belknap St., Tel. 508/369-59 12) dokumentieren das Leben der beiden Philosophen. Walden Pond, wohin sich Henry David Thoreau zurückzog, liegt 10 Minuten südlich an der Rt. 126.
Veranstaltungen: Zum Patriot's Day am dritten Aprilmontag wird die erste bewaffnete Auseinandersetzung des Unabhängigkeitskrieges in Lexington und Concord inszeniert. Hinterher gibt es warmen Pancake.
Ausflug: Der Lowell National Historical Park (246 Market St., Tel. 508/459-1000) bewahrt und zeigt das textilindustrielle Erbe dieser Stadt.
Information: Lexington Visitors Center, (1875 Mass. Ave., Tel. 617/862-14 50); Concord Chamber of Commerce (Kiosk an der Heywood St., Tel. 508/369-31 20).

»Harding Ellen Estate«: 6-Zimmer-B & B in Barre

Worcester County

Karte: Seite 112/113, Planquadrat H 3.
Anreise: Auto: Von Boston über die Autobahn I-90. Zug: Amtrak (Tel. 800/USA-RAIL) fährt Worcester und Springfield von der South Station an. Bus: »Greyhound« (Tel. 800/231-22 22) und »Peter Pan« (Tel. 800/237-87 47) fahren von Boston.
Unterkunft: Sturbridge: »Publick House Historic Inn« (On the Common, Tel. 508/347-33 13, Fax 508/346-12 46); »Sturbridge Coach Motor Lodge« (408 Main St., Tel. 508/347-73 27).
Sehenswürdigkeiten: Worcester Art Museum (55 Salisbury St., Tel. 508/799 44 06), das zweitgrößte Kunstmuseum Neuenglands; Old Sturbridge Village (Rt. 20, Sturbridge, Tel. 508/347-33 63): nachgestelltes Dorfleben um 1830 (tgl. 10–16 Uhr).
Einkaufen: Worcester Common Fashion Outlet; Brimfield Antiques Fair: Flohmarkt mit 2000 Ausstellern, dreimal pro Jahr.
Information: Worcester County Convention and Visitors Bureau (33 Waldo St., Tel. 508/753-29 20); Tri-Community Area Chamber of Commerce (Sturbridge: 380 Main St., Tel. 508/347-27 61).

Salem

Karte: Seite 112/113, Planquadrat G 4.
Anreise: Auto: über die Autobahnen I-93 und I-95 oder Rt. 1 und 1A; Bus: ab Bushaltestelle U-Bahn Haymarket Station in Boston; Zug: von Bostons North Station.

In Stockbridge wurde dem Illustrator Norman Rockwell ein Museum gewidmet

Unterkunft: »Hawthorne's Hotel« (On-the-Common, Tel. 508/744-40 80, Fax 508/745-98 42); »The Coach House Inn« (284 Lafayette St., Tel. 508/744-40 92).
Sehenswürdigkeiten: Der Heritage Trail (rote Linie auf Bürgersteig) verbindet alle Sehenswürdigkeiten der »Hexenstadt« (Trail-Führer erhältlich: s. »Information«). Besonders interessant sind: Salem Witch Museum (Washington Sq., Tel. 508/744-16 92; tgl. 10–17 Uhr); das Peabody and Essex Museum (East India Sq., Tel. 508/745-18 76; Mo–Sa 10–17, Do nur 17–20, So 12–17 Uhr) zeigt Schätze, die Kapitäne vom Ostasien-Handel zurückbrachten; mit der Eintrittskarte sind auch einige Kapitäns- und Reedervillen zu besichtigen; das alte Hafenviertel der Stadt wurde im Salem Maritime National Historic Site (174 Derby St., Tel. 508/740-16 80; tgl. 10–17 Uhr) unter Denkmalschutz gestellt; The House of the Seven Gables, »das siebengiebelige Haus«, das Schriftsteller Nathaniel Hawthorne in seinem gleichnamigen Roman verewigte. Sein Geburtshaus befindet sich nebenan (54 Turner St., Tel. 508/744-09 91; tgl. 10–16.30 Uhr). Nicht zu Fuß zu erreichen ist das Pioneer Village (Kreuzung Rte. 1A und 129, Tel. 508/745-05 25), das Salem im frühen 17. Jh. zeigt.
Restaurants: »Lyceum Bar & Grill« (43 Church St., Tel. 508/745-7665); »Chase House« (Pickering Wharf, Tel. 508/744-00 00).
Information: Salem Chamber of Commerce (32 Derby Sq., Tel. 508/744-00 04) und National Park Service Visitor Center (2 Liberty St., Tel. 508/741-36 48).

Pioneer Valley

Karte: Seite 112/113, Planquadrat G 2.
Anreise: s. Worcester County.
Sehenswürdigkeiten: Historic Deerfield ist eines der schönsten Dörfer Neuenglands (tgl. 9.30–16 Uhr). Im Information Center (The Street, Tel. 413/774-55 81) sind Karten zur Selbsterkundung, Führungen und Eintrittskarten erhältlich. Smith College (Northhampton) und Mount Holyoke College (South Hadley) sind zwei traditionsreiche Frauen-Colleges mit schönen Campus-Anlagen. Das Connecticut Valley Historical Museum (Springfield, Quadrangle, Tel. 413/732-30 80) erzählt die Geschichte des Pioneer Valley.
Information: Springfield Visitor Bureau (34 Boland Way, Tel. 413/787-15 48).

Berkshires

Karte: Seite 112/113, Planquadrat G 2.
Anreise: Auto: von Boston über die I-90, von Süden über die schöne Rt. 7; Zug: Amtrak (Tel. 800/USA-RAIL) verbindet Boston mit Pittsfield; Bus: »Peter Pan Bus Lines« (Tel. 800/237-87 47) verbindet Boston mit Lee und Pittsfield.
Unterkunft: Zimmernachweise führen die Lenox Chamber of Commerce (Tel. 413/637-36 46) sowie Southern Berkshire Chamber of Commerce (Tel. 413/528-40 06); »Berkshire Bed & Breakfast« (Williamsburg, Tel. 413/268-72 44, Fax 413/268-72 43) vermitteln B & B-Übernachtungen in den Berkshires.
Sehenswürdigkeiten: Hancock Shaker Village (Rt. 20, westl. von Pittsfield, Tel. 413/443-01 88; tgl. 10–15 Uhr); Tanglewood (Lenox, Konzerte von Juni–Sept., Buchungen über Symphonycharge, Tel. 617/266-12 00). Das Norman Rockwell Museum (Stockbridge, Rt. 183, Tel. 413/298-41 00) zeigt das Lebenswerk des hier ansässigen Illustrators des amerikanischen Kleinstadtlebens. Williamstown ist ein städtisches Kleinod, das vom kulturbewußten Williams College geprägt wird. Hier findet im Juli und August das jährliche Williamstown Theater Festival statt (Tel. 413/597-3399). Das Sterling and Francine Clark Art Institute (225 South St., Tel. 413/458-9545; 33 Werke von Renoir) und das Williams College Museum of Art (Main St., Tel. 413/597-24 29) sind als Kunstmuseen landesweit bekannt.
Einkaufen: Antiquitäten und Trödel finden sich v. a. an der Rt. 7 zwischen Great Barrington und South Egremont.
Ausflüge: Fahrt oder Wanderung auf den höchsten Berg von Massachusetts, Mount Greylock (State Reservation Visitor Center, Lanesborough, Rockwell Rd., Tel. 413/499-42 62); Fahrt über den Mohawk Trail (Mohawk Trail Association, Charlemont, Tel. 413/664-62 56).
Information: Berkshire Visitors Bureau (Pittsfield, Berkshire Common, Tel. 413/443-91 86); darüber hinaus besitzt jeder größere Ort eine Informationsstelle.

Lebensgroße Puppen stellen im Salem Witch Museum die Ereignisse um die Hexenhysterie nach

Neuengland im Jahre 1830: Im Old Sturbridge Village am Westville Lake wird die Vergangenheit wieder lebendig

Williams College in Williamstown

Die Lebensumstände der ersten Siedler dokumentiert das Pioneer Village

Im Old Sturbridge Village

Als Gründerstaat der USA fühlt sich Massachusetts gegenüber seiner Geschichte besonders verpflichtet. Diese wird mit viel Liebe zum Detail in zahlreichen Freilichtmuseen inszeniert. Zudem ist das Land voll von patriotischen Gedenkstätten: Im Minuteman National Historical Park bei Lexington beispielsweise werden die ersten bewaffneten Auseinandersetzungen zwischen englischen Truppen und Bürgermilizen nachgestellt.

Concord: An der Old North Bridge begann der Unabhängigkeitskrieg

RHODE ISLAND, CONNECTICUT

Bastion der feinen Leute

Ende des 19. Jahrhunderts entdeckte die High Society Litchfield, besonders aber Newport als Sommerfrische. Es entstanden prächtige Sommerpaläste und stattliche weiße Villen. Selbst die Kirchen strahlen noble Exklusivität aus (Foto: Kirche in Litchfield). Aus den meisten Summer Cottages wurden inzwischen Museen, aber der Geldadel trifft sich hier noch immer.

Downtown Hartford

Villa über dem Lake Waramaug

Connecticut ist der reichste Staat der Nation. Er gilt als die wahre Heimat des Yankees, des smarten, cleveren und schlauen Amerikaners. Handwerkliches Geschick und Einfallsreichtum waren seit jeher hier zu Hause. Und so verwundert es nicht, daß aus Connecticut auch heute noch mehr Patentanmeldungen als aus jedem anderen Bundesstaat kommen. 2,5 Millionen Dollar ließ es sich Connecticut 1879 kosten, um seinen wachsenden Wohlstand mit einem State Capitol aus Marmor und Granit kundzutun.

Am Hang über dem Bushnell Park steht Hartfords State Capitol (unten)

Dart-Bude auf der Durham Fair (unten)

Für Puristen zählt Connecticut schon nicht mehr zu Neuengland. Sie betrachten den Staat als grünen Luxusvorort von New York. In der Tat haben viele betuchte New Yorker ihren Zweitwohnsitz im ländlichen Connecticut. Und krakenartig scheint der Moloch New York mit einer Kette von (Vor-)Städten bis in das Herz des Staates hineinzureichen. Sie sorgen dafür, daß Connecticut neben Rhode Island der am dichtesten besiedelte Staat Neuenglands ist.

Beide Staaten gehen auf Siedlungen von puritanischen Abweichlern aus Massachusetts zurück. Heute sind sie überwiegend katholisch, weil mit der Industrialisierung viele Einwanderer aus Irland und Südosteuropa kamen.

Wer nun jedoch zwei weitgehend erschlossene und verstädterte Staaten erwartet, wird überrascht: Über die Hälfte Connecticuts ist bewaldet. Wer die romantischen Litchfield Hills und die Hügel des dünn besiedelten Nordostens nicht kennt, der hat einige der schönsten und beschaulichsten Landstriche Neuenglands nicht gesehen.

Schon der erste Kundschafter, der Holländer Adrian Block, war beeindruckt von der Schönheit des »Langen Gezeitenflusses«, wie die Indianer den Connecticut River nannten. Die naturbelassene Schönheit ist bis heute geblieben, denn für Seeschiffe ist der Mündungstrichter zu flach. Deshalb entstand am längsten Fluß Neuenglands auch kein großer Hafen mit der dazugehörigen Industrie.

Der Charme dieser Region blieb auch Malern nicht verschlossen. In Old Lyme siedelte sich die größte Kolonie amerikanischer Impressionisten an. Florence Griswold, die verarmte, aber kunstfreudige Tochter eines Kapitäns, begründete die Malerkolonie, dessen berühmtestes Mitglied Childe Hassam war.

Historische Licht- und Schattenseiten liegen im Süden Neuenglands dicht beisammen. Connecticut rühmt sich, mit

Ruhepause in Burlington Pumpkins

den 1639 verfaßten »Fundamental Orders« Heimat der ersten geschriebenen Verfassung der Welt zu sein. Rhode Island blickt stolz zurück auf den Gründer Roger Williams. Er war vom puritanischen Klerus wegen »gefährlicher Ideen« aus Massachusetts ausgewiesen worden und gründete in Providence eine Kolonie, die Staat und Kirche trennte und »full liberty in religious concernements«, also Religionsfreiheit gewährte.

Für die Indianer galt die Verfassung nicht

Gleichzeitig jedoch wurde der Süden im 17. Jahrhundert Schauplatz blutigster Auseinandersetzungen zwischen Indianern und Weißen. Wo andere Stämme lieber ihr Land verkauften und freiwillig gingen, bezahlten Pequot- und Narragansett-Indianer ihren Widerstand mit der fast vollständigen Auslöschung. Und bis zum Verbot 1807 füllte der lukrative transatlantische Sklavenhandel die Schatullen von Reedern und Händlern.

Geschäftstüchtigkeit zeichnete die Einwohner Connecticuts schon früh aus. Der Staat kann sich rühmen, den Yankee Peddlar hervorgebracht zu haben, den bauernschlauen Straßenverkäufer. Ihre Produkte kamen aus den Erfinderschmieden im Connecticut-Tal: Hüte und Uhren, Samuel Colts gleichnamige Feuer-

Radtour am Rande von Litchfield, einem Bilderbuchdorf im Nordwesten von Connecticut

waffen, ohne die der Wilde Westen nicht denkbar gewesen wäre, oder Eli Whitneys System der austauschbaren Teile, das die industrielle Serienfertigung beflügelte, entstanden hier für einen schnell wachsenden Markt.

Connecticut, das sich laut Kolonialurkunde von 1662 bis zum Pazifik erstrecken durfte, hat mit Hartford eine Hauptstadt mit dem vertrockneten Charme der hier dominierenden Versicherungswirtschaft. Bevor sich die Stadt in die Höhe reckte, stand Samuel Clemens alias Mark Twain 1868 derartig unter dem »Eindruck des erfrischenden Grüns« dieser Stadt, daß er sich mit seiner Familie in Nook Farm, einem von Schriftstellern bevorzugten Stadtteil, niederließ. Hier lebte schon Harriet Beecher Stowe, die mit dem Antisklaverei-Roman »Onkel Toms Hütte« der Bibel 1852 den Rang 1 auf der Bestsellerliste ablief.

Litchfield: vom Industrieort zur Touristenidylle

Das westliche Connecticut ist eine Region der Gegensätze. Die Küste ist durchgängig verstädtert und industrialisiert, während die im Hinterland liegenden Litchfield Hills ihre ländliche Idylle pflegen. Litchfield gab der Region nicht nur ihren Namen, sondern gilt dank der großzügigen Grünanlagen und sorgfältiger Denkmalpflege als einer der malerischsten Orte Neuenglands.

Doch Litchfields Schein trügt. Die gesamte Region war im 18. und 19. Jahrhundert von Handwerk und wild wuchernder Industrie geprägt. Die Fabriken wurden später geschlossen, geblieben sind Kunsthandwerk und eine konservierte Idylle, die zum Beispiel auf der Route 7 entlang des waldgesäumten Housatonic River greifbar wird.

Im Gegensatz zum Inland wurde die Küste stark vom Unabhängigkeitskrieg in Mitleidenschaft gezogen. 1779 zogen britische Truppen unter dem königstreuen New Yorker Gouverneur William Tyron brandschatzend die Küste hinauf und hinterließen in den Hafenstädten schwere Verwüstungen. Heute bemühen sich Städte wie Stamford oder Bridgeport zum Teil recht erfolgreich, ihre Kommunen wirtschaftlich wieder flottzumachen, indem sie verlassene und erhaltenswerte Industrie- und Hafenviertel mit Geschäften, Restaurants, Cafés und Kultur zu neuem Leben erwecken.

1963 entstand die fensterlose Beinecke Rare Library der Yale University

New Haven: Campus der Elite-Universität, der zweitältesten der USA

Mainstreet in Essex

Lobster sind allgegenwärtig in Neuengland (unten)

Neben Harvard und Brown University ist Yale die dritte Universität aus der akademischen Oberliga der Ivy League, der »Efeuliga«, die an Neuenglands Küste beheimatet ist. Der Efeu wuchert über die massiven neogotischen Granitbauten, die zu den unvermeidlichen architektonischen Stilzitaten dieser Universitäten gehören. Bill Clinton war einer von mehreren Präsidenten, die hier graduierten. Ein Diplom von Yale ist wie bei allen der insgesamt acht Ivy-League-Schulen ein »Sesam-öffne-Dich« in die Chefetagen von Wirtschaft und Politik.

Den Erstsemestern von Yale steht viel Arbeit und eine glänzende Karriere bevor

Im Freilichtmuseum von Mystic Seaport liegen mehrere historische Segler

Die Region versteht sich als »Tor zu Neuengland«, denn hier verläuft die traditionsreiche Boston Post Route, die heutige Route 1, von New York nach Boston. Kulturelles Zentrum an der Route 1 ist New Haven, Heimat der Eliteschmiede Yale University. Sie gehört wie die Harvard University zum auserlesenen Kreis der Ivy League, der »Efeuliga«. Der baulich kompakte Campuskomplex, der sich im Schatten des massiven neogotischen Glockenturms Harkness Tower ausbreitet, beherrscht die Innenstadt von New Haven nicht nur optisch. Auch wirtschaftlich ist Yale eine dominierende Kraft. Das daraus resultierende Selbstbewußtsein, sinnfällig ausgedrückt durch die Inschrift »Für Gott, für das Land, für Yale« am Harkness Tower, gestaltete das Verhältnis zur heute sichtbar armen Kommune New Haven nicht immer einfach.

Mystic Seaport: Erinnerung an die maritime Vergangenheit

Während das zentrale und westliche Connecticut Spielwiese der Erfinder und Industriellen war, blieb die östliche Küste des Staates den Seefahrern vorbehalten. Obwohl Nantucket und New Bedford berühmter waren, erwirtschaftete Connecticut mit Walfang und Überseehandel ebensolchen Wohlstand. Die Dominanz des Meeres ist allgegenwärtig: New London, Connecticuts Hauptstadt des Walfangs, beherbergt die Akademie der amerikanischen Küstenwache, und in Groton erinnert die begehbare »USS Nautilus« daran, daß hier 1954 das erste atombetriebene U-Boot gebaut wurde.
Das eindrucksvollste Denkmal der maritimen Vergangenheit der neuenglischen Südküste befindet sich jedoch im einstigen Schiffsbauzentrum Mystic. Das hier ansässige Freilichtmuseum Mystic Seaport ist das größte Seefahrtsmuseum des Landes. Hier wurde ein komplettes Hafenviertel aus dem 19. Jahrhundert rekonstruiert. Originalschiffe wie der einzig erhaltene dreimastige Walfänger »Charles W. Morgan« aus dem Jahr 1841 tragen zur Authentizität bei.
Der Süden ist auch Indianerland. In West Mystic markiert das John Mason Monument den Ort, wo ein Gefecht zwischen weißen Siedlern unter John Mason und dem Pequot-Stamm 1637 in einem Massaker an Hunderten von Indianern endete. Das am Thames River gelegene

Uncasville wurde nach ihrem Häuptling Uncas benannt, den James Fenimore Cooper in seinem Roman »Der letzte der Mohikaner« verewigte. North Stonington ist heutzutage Schauplatz des jährlich im Oktober stattfindenden Paucatuck Eastern Pequot Harvest Powwow.
Aufgrund ihrer indianischen Sonderrechte errichteten die hier ansässigen Stämme zwei riesige Spielkasinos: Foxwood bei Ledyard und Mohegan Sun bei Uncasville. Allein in Foxwood stehen heute 4600 Einarmige Banditen und 300 Tische, an denen Poker, Bakkarat, Blackjack und Craps gespielt wird. Pro Tag kommen 50000 Besucher hierher, die Millionen Dollar in die Kassen der Indianer bringen. Die Reaktionen der »Weißen« auf den neuen Reichtum der Indianer sind zwiespältig: Sie liegen zwischen Sozialneid und zähneknirschender Dankbarkeit für die neuen Arbeitsplätze in dem unter dem Niedergang der Schwer- und Werftenindustrie leidenden Staat.

Die »edlen Rothäute« wurden zu Todfeinden

Der neuenglische Süden war Schauplatz der blutigsten Auseinandersetzungen zwischen Ureinwohnern und landhungrigen Siedlern. Zu den Narragansett-Indianern im heutigen Rhode Island pflegten die ersten Siedler freundschaftliche Kontakte. Diese fanden jedoch schnell ihr Ende, als im häßlichen King-Philips-Krieg das neutrale Rhode Island 1676 zum Schauplatz der Entscheidungsschlacht zwischen Siedlern aus der Nachbarkolonie Massachusetts und den unter Wampanoag-Häuptling Metacom, King Philip bei den Weißen genannt, verbündeten Indianern wurde.
Dieser Krieg markierte einen Stimmungswechsel gegenüber den Indianern. Betrachteten die ersten Siedler die Ureinwohner noch als »edle Rothäute«, die nur christianisiert und mit dem weißen Rechts- und Eigentumsverständnis »geimpft« zu werden brauchten, um eine »multikulturelle Gesellschaft« zu etablieren, so siegten mit diesem Krieg die »Hardliner« beider Seiten, die nicht an einen Interessenausgleich glaubten. Wie ein aufhetzendes Fanal wirkte die Vierteilung der Leiche von King Philip und die Zurschaustellung seines Kopfes in Plymouth. Die Folgejahre waren der Höhepunkt indianischer Raubzüge, Plünderungen und Entführungen, denen

Neuer Schuhglanz in der Arcade von Providence, Amerikas erster Einkaufsgalerie von 1828

Die Brown University, auch ein Mitglied der »Efeuliga«, gilt als besonders unkonventionelle Elite-Uni

etwa 600 Frauen und Kinder in Neuengland zum Opfer fielen.
Rhode Island oder Little Rhody, wie es liebevoll auch genannt wird, ist der kleinste Neuengland-Staat: Nach 45 Minuten hat man ihn mit dem Auto bereits durchquert. Bis 1644 bestand Rhode Island sogar aus zwei Kolonien, der Providence Plantation und der Insel Rhode Island. Wohl als Kompensation leistet sich der kleinste Staat der Nation mit »State of Rhode Island and Providence Plantations« den längsten Namen im Land. Doch schon der Gedanke an eine Zusammenlegung mit einem anderen Staat gilt Einheimischen als obszön. Durch die historischen Pioniertaten, die Rhode Island in Hülle und Fülle zu bieten hat, gilt die staatliche Eigenständigkeit als »heilig«: Hier wurde der erste Schuß auf ein britisches Kriegsschiff abgefeuert, hier begann die industrielle Revolution. In Rhode Island wurden die erste Synagoge, der erste Leuchtturm und die erste Einkaufsgalerie der USA errichtet.
Als glaubensliberale Insel im orthodox puritanischen Meer wurde die Kolonie im 17. Jahrhundert schnell zum Refugium für viele weltanschaulich Verfolgte wie Quäker und Juden. Diese Toleranz ist besonders in Newport greifbar. Hugenotten sowie die bei den Puritanern verpönten Anglikaner hielten ihre Gottesdienste in der Trinity Church ab. In ihrer Nachbarschaft wurde 1763 die Touro Synagoge nach Plänen des damaligen »Stararchitekten« Newports, Peter Harrison, errichtet. Schon 1699 hatten Quäker das durch seine Schlichtheit ins Auge fallende Friends Meeting House errichtet.
Jahrhundertelang war Rhode Islands größte Einnahmequelle die Seefahrt. Deshalb reagierte die kleine Kolonie entsprechend empfindlich auf Versuche des

Providence: State House aus dem Jahr 1900

Auf der historischen Benefit Street (unten)

In Providence, der Hauptstadt von Rhode Island

Prächtig verziertes Restaurant »Weybosset and Dorrance« (unten)

Früher galt Providence für Zugreisende als lästiger und unattraktiver Halt zwischen Boston und New York. Nachdem der Bahnhof sowie die gesamte Innenstadt gründlich saniert wurden, erschließt sich die Attraktivität der Kapitale von Rhode Island auch wieder auf den ersten Blick: die ethnisch geprägten Stadtteile Fox Point und Federal Hill, die ehrwürdige Brown University, historische Straßenzüge, in denen die Zeit stehengeblieben zu sein scheint. Das renommierte Culinary Institute der Johnson and Wales University trägt dazu bei, daß Providence auch unter Feinschmeckern beliebt ist.

Mutterlandes, die seehandelsabhängige Wirtschaft der Kolonien zu knebeln. So war es nur zwangsläufig, daß aufgebrachte Bewohner von Newport schon 1772, ein Jahr vor der Boston Tea Party, das britische Schiff »Gaspee«, das in Newport Steuern eintreiben sollte, zerstörten.

Newport und Providence waren zeitlebens wirtschaftliche Konkurrenten. Heute buhlen die beiden Städte nicht mehr um Handelsschiffe, sondern um Besucher, wobei Newport deutlich die Nase vorn hat. In Providence macht sich der kleine Staat mit dem State Capitol ganz groß. Das strahlend weiße Parlamentsgebäude schmückt sich mit einer gewaltigen freitragenden Kuppel. Die etwas zugige Innenstadt ist in den letzten Jahren attraktiver gestaltet worden, leidet jedoch unter der für amerikanische Städte typischen Auszehrung des Einkaufsangebotes.

Providences Benefit Street entführt in Kolonialzeiten

Der östlich gelegene College Hill offenbart ein ganz anderes Providence. Die malerische Benefit Street mit ihren Kopfsteinbürgersteigen entführt den Besucher zurück in Kolonial- und Gründerzeiten. Und etwas weiter den Berg hinauf liegt die ehrwürdige Brown University, Rhode Islands Beitrag zur Ivy League und zugleich eine der unkonventionellsten Elite-Schmieden im Lande. Namenspate war Nicholas Brown, ältester Sohn von John Brown, der das Wirtschaftsimperium der berühmtesten Patrizierfamilie in Providence begründete. Vermögend wurde John Brown durch den Sklaven- und Ostindienhandel.

Pikanterweise war es Moses Brown, der als erklärter Sklavereigegner Bruder John wegen illegalen Menschenhandels anklagte. Und ein Mitglied der Brown-Dynastie, Smith Brown, hat 1793 Samuel Slater mit »Risikokapital« dessen erste wasserkraftgetriebene Textilfabrik im benachbarten Pawtucket finanziert und damit den Grundstein für die industrielle Revolution in den USA gelegt.

Als Rhode Island im 19. Jahrhundert zu einem der führenden Textilstandorte in den USA wurde, entdeckten die neuen Industriebarone Newport als idealen Sommersitz. Dabei eiferten sie Plantagenbesitzern aus den Südstaaten und der Karibik nach, die Newport schon lange zuvor als Sommerresidenz auserkoren hatten. Die Plantagenaristokratie fühlte sich hier wohl, weil die Sommer erträglich waren und der florierende Überseehandel mit Rum, Baumwolle, Fisch und Sklaven, der Newport reich machte, ihr ureigenstes Geschäft war.

Newport: Sommerfrische der Milliardäre

Ende des 19. Jahrhunderts entstanden hier viele neue Villen, vornehm-bescheiden »summer cottages« genannt. Dort blieben die Astors, Belmonts und Vanderbilts unter sich und konnten in der Narragansett-Bucht obendrein noch famos segeln. Hier lebte man in mindestens 20 Zimmern, verfütterte Kaviar an die Hunde und bestellte europäische Kunstschätze per Katalog. Den atemberaubendsten Sommerpalast ließ sich Cornelius Vanderbilt II errichten. »The Breakers« wurde ab 1893 in zwei Jahren Bauzeit von 2000 Handwerkern im Stil eines italienischen Palastes erbaut.

In dieser Traum-Villa werden sich die Vanderbilts sicherlich noch lange über den Abend bei den Astors unterhalten haben, zu dem Mrs. William Astor zu Ehren von Prince del Drago eingeladen hatte: Der Prinz entpuppte sich als handzahmer Affe in Frack und Schamband. Kein Wunder, daß John F. Fitzgeralds Roman »Der Große Gatsby« über Leere und Überdruß des reichen Amerikas in Newport verfilmt wurde...

Newport ist eine Stadt, die die Phantasie anregt. Hier, wo sich die »Sommerhütten« der Industriebarone des 19. Jahrhunderts aneinanderreihen, kamen die USA einer europäischen Aristokratie am nächsten. Mehrere Millionen Besucher fahren alljährlich über den Ocean Drive, eine Rundstrecke über die Südspitze der Halbinsel, um die Summer Cottages zu bestaunen. Besonders lang sind die Besucherschlangen vor dem Marble House und The Breakers. Interessant sind auch Rosecliff, The Elms, Belcourt Castle sowie die Hammersmith Farm.

70-Zimmer-Palast »The Breakers« (unten)

Bowen's Wharf in Newport, »America's First Resort« (unten)

Vollgestopft mit 2000 Antiquitäten und Kunstgegenständen aus 33 Ländern ist Belcourt Castle, das Alva Vanderbilt und Oliver Belmont errichten ließen

Newport: Kreuzfahrtschiff im Hafen … …und Thames Street (unten)

Freizeitkapitän in der Brenton Cove: Newport ist bei Seglern sehr beliebt

Hartford

Karte: Seite 112/113, Planquadrat H 2.
Anreise: Auto: über die Autobahnen I-95 und I-91 von New York, über I-90 und I-91 von Boston; Bus: Greyhound (Tel. 1-800/231-22 22) und »Peter Pan Bus Lines« (Tel. 1-800/237-87 47) verbinden Hartford täglich mit New York und Boston; Zug: Amtrak bietet tägliche Zugverbindungen von New York und Boston.
Sehenswürdigkeiten: »The Walk« ist ein Stadtführer, der am Info Desk erhältlich ist und zu allen Sehenswürdigkeiten der Stadt führt. Literarisch Interessierte sollten an einer Führung durch das Mark Twain House (351 Farmington Ave., Tel. 860/247-09 98; Mi–Mo 10–17 Uhr) und das in unmittelbarer Nachbarschaft liegende Harriet Beecher Stowe House teilnehmen (73 Forest St., Tel. 860/522-92 58; Di–So 10–17 Uhr). Das Wadsworth Atheneum besitzt die größte Gemäldesammlung der romantischen Hudson River School (600 Main St., Tel. 860/278-26 70; Di–So 11–17 Uhr).
Restaurants: »Oasis« (267 Farmington Ave., Tel. 860/241-8 20): gepflegtes Diner mit amerikanischer und mexikanischer Küche auf halbem Weg vom Zentrum nach Nook Farm.
Information: Visitor Info Desk (Old State House, 800 Main St., Tel. 860/522-67 66).

Litchfield Hills

Karte: Seite 112/113, Planquadrat H 2.
Anreise: Von Hartford etwa 1 Autostunde nach Litchfield über die Rt. 4 und 118. Die Litchfield Hills lassen sich nur per Auto oder wandernd erschließen.
Unterkunft: Die Region ist durchzogen von Inns und B & B-Pensionen. In New Preston gruppieren sich einige exklusive Inns um den schönen Lake Waramaug, z. B. das »Hopkins Inn« (22 Hopkins Rd., Tel. 860/868-72 95). Litchfield: »Tollgate Hill Inn« (Rt. 202, Tel. 860/567-45 45, Fax 860/567-83 97).
Sehenswürdigkeiten: Das sind hier in erster Linie die malerischen Orte, besonders Litchfield.
Ausflüge: Die Berge, die das Housatonic-Tal flankieren, laden zum Wandern ein, z. B. auf dem hier verlaufenden Appalachian Trail. In West Cornwall und Kent kann man den Housatonic River auf den beiden einzigen gedeckten Brücken von Connecticut überqueren. Der Blick vom 550 m hohen Mohawk Mountain bei Cornwall ist bei gutem Wetter eindrucksvoll. In Bristol befindet sich das American Clock and Watch Museum, eindrucksvoll dann, wenn den 3000 Uhren die Stunde schlägt (100 Maple St., Tel. 860/583-60 70; April–Nov. tgl. 10–17 Uhr).
Einblicke in die indianische Geschichte des Staates bietet das Institute for American Indian Studies (zw. Roxbury und Washington: Ende der Curtiss Rd., Nebenstr. von Rt. 199, Tel. 860/868-05 18; Mo–Sa 10–17, So ab 12 Uhr, Jan.–März Mo/Di geschl.). Das Museum zeigt u.a. ein Algonkian-Dorf aus dem 17. Jh. sowie Kunstgegenstände aus den letzten 10 000 Jahren.
Einkaufen: Kent ist überregional bekannt für seine Galerien, Woodbury für seine Antiquitätengeschäfte.
Information: Litchfield Hills Travel Council (Box 968, Litchfield, CT 06759, Tel. 860/567-45 06).

Die Küste

Karte: Seite 112/113, Planquadrat I 2.
Anreise: Auto: die Autobahn I-95 verläuft entlang der Küste von New York nach Boston. Langsamer, aber interessanter ist die Rt. 1; Zug: Amtrak bedient die Küstenstrecke täglich. Zwischen New York's Grand Central Station und New Haven bietet »Metro North« tagsüber fast stündlich Verbindungen (Tel. 212/532-49 00); Bus: Greyhound und »Bonanza« operieren tgl. entlang der Küste. »Connecticut Transit« verbindet die südwestlichen Städte miteinander (Tel. 203/327-74 33).
Unterkunft: New Haven: »New Haven Hotel« (229 George St., Tel. 203/498-3100, Fax 203/498-31 90): klein, ruhig und zentral gelegen. Essex: »The Griswold Inn« (36 Main St., Tel. 860/767-04 81, Fax 860/767-17 76): zentral im sehr malerischen Essex gelegen, Restaurant mit historischem Ambiente. Mystic: »The Inn at Mystic« (Rt. 1 und 27, Tel. 860/536-96 04), Fax 860/572-16 35): bietet Motel und Inn in Parklandschaft mit Seeblick; »Whaler's Inn and Motor Court« (20 E. Main St., Tel. 860/536-1506, Fax 203/572-12 50).
Sehenswürdigkeiten: ***Yale University*** (344 Colleges St., Phelps Gateway, Tel. 203/432-23 00); hier werden Orientierungskarten sowie einstündige Führungen über den Campus mit einigen interessanten architektonischen Denkmälern angeboten. Der großzügige Town Common wird von der gotischen Trinity Episcopal Church, der Center Congregational Church im schlichteren King-George-Stil und der United Church im Federal-Stil geschmückt.
Guilford wurde im Unabhängigkeitskrieg nicht zerstört und besitzt viele architektonische Schätze sowie einen der größten und ältesten Dorfplätze des Landes. Das Florence Griswold Museum (Old Lyme, 96 Lyme St., Tel. 860/434-55 42; Nov.–Mai Mi–So 13–17 Uhr, Juni bis Okt. Di–So) war Zentrum der impressionistischen Malerkolonie in Old Lyme. Die Lyme Academy of Fine Arts (Old Lyme, 84 Lyme St., Tel. 860/434-52 32; Di–Sa 10–16 Uhr, So 13–16 Uhr) stellt Werke zeitgenössischer Künstler aus. Das erste atomgetriebene U-Boot der USA, die »USS Nautilus«, ist in ***Groton*** zu besichtigen (Crystal Lake Rd., Tel. 860/449-31 74; Mi–Mo 9–16 Uhr). Der Fort Griswold Battlefield State Park (Groton, Monument St., Tel. 860/445-17 29; im Sommer tgl. 10–17 Uhr) erinnert an das Massaker, das britische Truppen hier 1781 an den kapitulierenden Verteidigern des Forts verübten. Vom Gedenkturm hat man einen guten Rundumblick auf die Küste. ***Mystic Seaport*** ist das größte Seefahrtsmuseum in den USA (Mystic, 75 Greenmansville Ave., Tel. 860/572-07 11; im Sommer tgl. 9–20 Uhr, sonst 10–16 Uhr).
Ausflüge: Orte wie New Canaan, Weston, Wilton oder Ridgefield im Hinterland der Küste sind elegante Kommunen in idyllischer Landschaft. Die Präsenz von New Yorker Geld sowie Kunst- und Kulturszene sind in Greenwich, Darien und Westport spürbar. Malerisch aber

Newport: Belcourt Castle entstand 1891

Pause vor dem nächsten Einsatz: Droschke und Eismann in Mystic Seaport

beschaulicher sind Hafenorte weiter östlich: z. B. Guilford, Essex oder Stonington. Das romantische Tal des Connecticut River läßt sich am besten per Dampfeisenbahn und Schiff erschließen. Valley Railroad, Bahnhof zwischen Essex und Ivoryton, Tel. 860/767-01 03, bietet eine Bahn-Schiffs-Rundreise an; Camelot Cruises in Haddam, 1 Marine Park, Tel. 860/345-85 91, richtet Dampferfahrten aus. Zwei Bauten fallen dabei unweigerlich ins Auge: Das viktorianische und unübersehbare Goodspeed Opera House in East Haddam (1876) und das versteckte Gillette Castle des Schauspielers William Gillette, der sich hier 1914 seine Version einer mittelalterlichen Burg am »Rhein Amerikas« bauen ließ.

Am Thames River liegen zwei der größten, von Indianern betriebenen Spielkasinos des Landes: Foxwoods Casino (Ledyard: Rt. 2, Tel. 203/885-30 00) und Mohegan Sun (Uncasville: Exit 79A von I-395, Tel. 1-888/226-77 11).

Einkaufen: Wer auch in Neuengland nicht auf die 5th Avenue verzichten möchte, ist in Greenwich gut aufgehoben. Der SoNo (South Norwalk) District in Norwalk bietet zahlreiche Galerien, Restaurants und Boutiquen.

Restaurants: s. »Unterkunft«; Mystic: »Mystic Pizza« (56 W. Main St., Tel. 860/536-96 04); New Haven: »Louis Lunch« (Crowne St., Tel. 203/562-55 07); »Atticus Bookstore-Café« (1082 Chapel St., Tel. 203/776-40 40): Café für Leseratten.

Information: Housatonic Valley Tourism Commission (Tel. 203/743-05 46); Coastal Fairfield County Visitor Bureau (Norwalk: 297 West Ave., Tel. 203/854-78 25); Greater New Haven Convention and Visitor District (1 Long Wharf Dr., Suite 7, Tel. 203/777-85 50); Connecticut's Mystic and More (New London: 470 Bank St., Tel. 860/444-22 06).

Providence

Karte: Seite 112/113, Planquadrat H 3.

Anreise: Auto: Autobahn I-95 zwischen Boston und New York durchkreuzt Providence; Bahn: Providence ist Zwischenstopp für Amtraks tägliche Verbindung zwischen New York und Boston (Tel. 1-800-USA-RAIL); Bus: »Bonanza« (Tel. 401/751-88 00) und Greyhound fahren Providence regelmäßig an.

Unterkunft: Innerstädtisch: »Biltmore Hotel« (Kennedy Plaza, Tel. 401/421-07 00, Fax 401/421-02 10); »State House Inn« (43 Jewett St., Tel. 401/785-12 35); viele Motels befinden sich auf den Ausfallstraßen, z. B. in der Nähe des südlich gelegenen Flughafens.

Sehenswürdigkeiten: Providence kann bequem zu Fuß erschlossen werden: State House (1891/92; 82 Smith St., Tel. 401/277-23 57; Mo–Fr 8.30–16.30), mit der zweitgrößten freitragenden Marmorkuppel der Welt; The Arcade, Amerikas erste überdachte Einkaufspassage (1828; 65 Weybosset St., Tel. 401/272-23 40); Benefit Street, eine Straße wie aus dem 18. Jh. am Fuße des College Hills; der kleine Park Prospect Terrace, etwas oberhalb von der Benefit St. gelegen, bietet neben einem schönen Panoramablick auch eine Statue und das Grab von Roger Williams, dem Gründer der Kolonie; John Brown House (1786), elegantes Anwesen des Begründers der Handelsdynastie der Brown-Familie (52 Power St., Tel. 401/331-85 75; Di–Sa 10–16.30, So ab 12 Uhr, Jan./Feb. geschl.); Brown University, siebtältestes College der USA (45 Prospect St., Tel. 401/863-23 78). Das studentische Leben spielt sich auf der Thayer St. ab.

Nachhilfe für Fleischliebhaber: Plastikrind auf der Durham Fair

Ausflüge: Pawtucket gilt als Geburtsstätte der industriellen Revolution. Slater Mill zeigt heute die Anfänge der mechanisierten Baumwollverarbeitung (Pawtucket: 67 Roosevelt Ave., Tel. 401/725-8638, S.M. Historic Site ist ausgeschildert; Juni–Okt. Di–Sa 10–17, So 13–17 Uhr, sonst Sa/So 13–17 Uhr).
Restaurants: Im Erdgeschoß der Arcade (65 Weybosset St.) befinden sich ausschließlich Imbisse und Restaurants, im italienischen Federal Hill (Atwells Ave. und Broadway) gibt es reichlich Italiener, auf der studentischen Thayer St. finden sich ethnische Restaurants.
Information: Greater Providence Convention and Visitors Bureau (30 Exchange Terrace, Tel. 401/274-1636).

Newport

Karte: Seite 112/113, Planquadrat H3.
Anreise: Auto: Von Westen über die Rt. 138 (gebührenpflichtige Brücken), von Osten über Rt. 24; Zug: s. Providence; Bus: »Rhode Island Public Transit Authority« (Tel. 401/847-0209) verbindet Newport mit Providence, »Bonanza Bus Lines« (Tel. 401/846-1820) verbindet Boston mit Newport direkt.
Unterkunft: Newport bietet zahlreiche Unterkünfte in allen Preisklassen. Viele Kettenhotels befinden sich an der Einfallsstraße Rt. 114; zentral gelegen ist das elegante »Newport Marriott« (25 America's Cup Ave., Tel. 401/849-1000, Fax 401/849-3422).

Die überdachte Arcade in Providence

Sehenswürdigkeiten: Sechs Industriellenvillen können besichtigt werden. Sie stehen unter der Verwaltung der Preservation Society of Newport County's Mansion (118 Mill St., Tel. 401/847-1000). Pro Gebäude sollte man eine Stunde veranschlagen. Werktags ist der Andrang geringer. »The Breakers« (1895) ist ein Muß (April–Okt. tgl. 10–17 Uhr), »The Elms« (1901) vielleicht die eleganteste Villa (Mai–Okt. tgl. 10–17 Uhr, sonst Sa/So 10–16 Uhr). In der »Hammersmith Farm« (1897) gaben sich 1953 John F. Kennedy und Jacqueline Bouvier das Jawort (tgl. April–Mitte Nov.).
Der Ocean Drive erschließt alle »Sommerhütten«, der Cliffwalk ist ein schöner Wanderweg zwischen Küste und den Anwesen. Am Ocean Drive befindet sich auch die Befestigungsanlage Fort Adams (1799–1945) mit schönem Rundblick auf Newport und die Narragansett-Bucht.
In der Innenstadt verkörpern drei Kirchen die Toleranz der Kolonie: Trinity Church (1725–26; Ecke Spring u. Church St.; im Sommer 13–16 Uhr, sonst 10–13 Uhr), Touro-Synagoge (1763; 82 Touro St.; im Sommer So–Do 10–16, Fr bis 15 Uhr, sonst So 13–15 Uhr) und das Quaker Meetinghouse (1699; Ecke Marlborough und Farewell St.; geöffnet nur nach vorheriger Vereinbarung, Tel. 401/846-0813).
Das Museum of Newport History erzählt anschaulich Newports schillernde Geschichte (Thames St./Brickmarket, Tel. 401/841-8770; Mo, Mi–Sa 10–17, So 13 bis 17 Uhr). Für Sportfans sind die International Tennis Hall of Fame (194 Bellevue Ave., Tel. 401/849-3990; tgl. 10 bis 17 Uhr) und das Museum of Yachting interessant (Fort Adams State Park, Ocean Drive, Tel. 401/847-1018; Mai bis Okt. tgl. 10–17 Uhr).
Feste: Newport ist berühmt für seine sommerlichen Jazz- und Musikfestivals, Tennisturniere und Segelregatten. Auskunft über Termine erteilt die Newport County Chamber of Commerce (45 Valley Rd., Tel. 401/847-1600).
Ausflüge: Das westlich gelegene Narragansett ist ein heute etwas abgetakelter, aber ehemals eleganter Badeort. Im Sprague Park (Kingston Rd.) erinnert eine gewaltige Holzskulptur an die hier einst ansässigen Narragansett-Indianer. Gewöhnlich am zweiten Augustsonntag treffen sich ihre Nachfahren zu einem Powwow an einer alten Häuptlingsgrabstätte in Charlestown (Narrow Lane, nördl. Rt. 1).
Restaurants: Auf Bannister's und Bowen's Wharf konzentrieren sich gehobenere Restaurants wie »Black Pearl«, »Le Bistro«. In der Thames St. finden sich einfachere Gaststätten. Die »White Horse Tavern« (Marlborough/Farewell St., Tel. 401/849-3600) bedient seine Gäste seit 1687.
Information: Newport County Convention and Visitors Bureau (23 Amercia's Cup Ave., Tel. 401/849-8048), Besuch unbedingt empfehlenswert, hier beginnen auch Rundfahrten.

Die Indianer betreiben das riesige Foxwoods Casino bei Ledyard

Providence wird überragt von der Kuppel des 1900 errichteten State House

Auf dem Green von New Haven

Moderner Brückenschlag über den Connecticut River bei East Haddam

Hartfords Travellers Insurance Tower

Kinder in Newport, das 1639 auf der Aquidneck-Insel gegründet wurde

Neuenglands »Südstaaten« sind dichter besiedelt und stärker erschlossen als der Norden mit Vermont, New Hampshire und Maine. Hier ist die Bevölkerung am vielfältigsten, der katholische Glaube überwiegt mittlerweile. Der südliche Küstenstreifen Neuenglands bildet ein mächtiges urbanes Ballungszentrum mit Städten und Kommunen, die teilweise nahtlos ineinander übergehen.

VERMONT

Das grüne Musterland

Vermont ist anders. Während seiner gesamten Geschichte ging der Staat seinen eigenen, eigenwilligen Weg. Heute gibt sich Vermont als ökologisch korrekter Musterstaat und konserviert so eine idyllische Bauernwelt, eine von anheimelnden weißgetünchten Haufendörfern und knallroten Bauernhöfen punktierte Bilderbuchlandschaft (Foto: Haus beim Lake Champlain).

Die Green Mountains, die »grünen Berge«, gaben Vermont ihren Namen. Daß der Name des Staates französischer Herkunft ist, lag an französischen Entdeckern, die bis an den Lake Champlain vordrangen. 1609 stieß Samuel de Champlain auf diesen sechstgrößten Süßwassersee der USA, den er nach sich selbst benannte. Bei der Gelegenheit taufte er die Berge, die Vermont wie ein Rückgrat von Norden nach Süden durchziehen und heute als National Forest besonderen Schutz genießen, »les monts verts«.

Carl Zuckmayer, der hier Zuflucht vor den Nationalsozialisten suchte, fand die Vermonter »sonderlich«, mit »schrulligem Humor«, »nonkonformistisch bis auf die Knochen« und »eigenwillig bis zur Eigenbrötlerei«. Auch Amerikaner haben ihre Meinung über den typischen Vermonter: Wortkarg, eigensinnig und traditionsbewußt schien er einen Sonderweg in der Geschichte gepachtet zu haben. Zum Beispiel 1777: Mitten im Unabhängigkeitskrieg rief sich Vermont in Windsor zur unabhängigen Republik aus und verbot als erstes Land der zukünftigen Vereinigten Staaten die Sklaverei. Die Entscheidung fiel nach einer dramatischen siebentägigen Sitzung im Old Constitution House, das bis heute gehegt und gepflegt wird.

Verdiente Altersruhe in Glenwood

Maßgeblich beteiligt war Ethan Allen, Vermonts Volksheld und Rebell, der mit seinen Green Mountain Boys in Guerillamanier zuerst Vermonts territoriale Ansprüche gegenüber New York verteidigt hatte und dann den Briten im Unabhängigkeitskrieg zusetzte.

Noch 1783 war George Washington derart verärgert über diese Eigenmächtigkeit Vermonts, daß er überlegte, den Staat mit Waffengewalt in die junge Nation zurückzuholen. 1941 preschte Vermont wiederum vor, als es Hitler zwei Monate vor dem offiziellen amerikanischen Kriegseintritt den Krieg erklärte. Und noch heute wird in Vermont hartnäckig die Tradition des »town meetings« hochgehalten, in dem die Gemeindemitglieder wie in kolonialen Zeiten kommunale Selbstverwaltung praktizieren.

Flaschenpfand und Werbetafel-Verbot

Heute gibt sich Vermont aufrichtig gründgesinnt: Werbeflächen, jene »Ikonen einer kommerzialisierten Gesellschaft«, die andernorts die amerikanischen Straßen säumen, sind weitgehend verboten. Der Staat führte als erstes ein Flaschenpfand ein. Größere Bauprojekte werden erst genehmigt, wenn weder Bäume noch Flüsse betroffen sind und kein übermäßiger Verkehr erzeugt wird. Großzügige Sozialdienste unterstreichen den Verfassungsgrundsatz, daß »Privateigentum im Dienst der Öffentlichkeit« stehen muß. Vermont macht keinen Hehl daraus, daß die Entwicklung zum ökologisch korrekten Musterstaat die Rivalität mit dem erzkonservativen Nachbarn New Hampshire betonen soll.

Wie ungleiche Geschwister stritten sich New Hampshire und Vermont schon als Kolonien um territoriale Ansprüche. 1934 landete schließlich die Auseinandersetzung um den korrekten Verlauf der gemeinsamen Grenze vor dem Verfassungsgericht. Das Gericht beschied, daß nicht die Mitte, sondern das Westufer des Connecticut River die Grenze sei. New Hampshire triumphierte, bis jemand darauf hinwies, daß der Staat nun für die Instandhaltung aller Brücken geradezustehen habe.

Bauernland wie aus dem Bilderbuch

Vermont sagte man bis ins 20. Jahrhundert leicht herablassend nach, mehr Kühe als Menschen zu besitzen. Das dünn besiedelte, kaum industrialisierte Agrarland startete 1911 eine bis dahin beispiellose, staatlich geförderte Touristenwerbung. Dabei setzte es auf die anheimelnde, von reizvollen weißgetünchten Haufendörfern und knallrot getünchten Bauernhöfen punktierte Bilderbuchlandschaft.

Eines der bekanntesten Produkte aus dieser idyllischen Bauern-Welt ist der Ahornsirup. Die Gewinnung dieses süßen

55 Meter tief ist die Quechee Gorge

Mountainbiking in den Green Mountains

Ein Herbsttag bei Wilmington in den Green Mountains

Weston (unten)

Vermont gilt als Inbegriff von Neuengland. Das hat einiges mit geschicktem Marketing zu tun: Vermont präsentiert sich als ökologisch vorbildliches Naturländle, als gut erschlossenes Naturreservat mit kauzigen Einwohnern, in dem selbst die Canyons ein beherrschbares Format besitzen. Die Green Mountains, die dem Staat seinen Namen gaben, bilden das »Rückgrat« des Landes, auch wirtschaftlich, seit der Freizeit- und Erholungstourismus die Mittelgebirgskette als Ski- und Wandergebiet entdeckt hat. Das bringt neues Geld in die Orte, denen es wirtschaftlich schon einmal besser ging.

Möglichkeiten zum Angeln, wie hier bei Weston, bietet Vermont in Hülle und Fülle

Saftes ist jedoch mühsam und alles andere als ein Zuckerschlecken. Nach traditioneller Indianermethode zapfen die Ahornfarmer den Saft ab Anfang März. Wenn die Tage warm und sonnig sind, die Nächte jedoch frostig, dann produzieren die Bäume besonders viel Saft. In dieser Zeit steigen dann die Rauchsäulen aus den »sugar houses« empor, in denen der Baumsaft zu einem süßen Sirup ver-

Unter dem Gipfel des Mount Mansfield

kocht wird. 150 Liter Baumsaft verflüchtigen sich dabei zu kläglichen vier Litern Sirup. Außer als Ahornsirup in der leichteren A- und stärkeren B-Geschmacksvariante wird die klebrige Masse zu Zucker, Süßigkeiten und Aufstrich verarbeitet.
Der zweite Exportschlager des Landes ist eine weitere Leckerei – und zugleich ein Phänomen, das so nur im progressiven, »entgegengesetzten« Vermont entstehen konnte: die in Waterbury beheimatete Eismarke »Ben & Jerry's«. Seit 1978 lassen die beiden Firmengründer Ben Cohen und Jerry Greenfield kalorienreiches und zudem »politisch korrektes« Eis herstellen, das überall im Land bekannt ist. Sie haben sich verpflichtet, 7,5 Prozent ihrer Profite an soziale Projekte zu verteilen, die 700 Angestellten erhalten ein gutes Gehalt, Krankenversicherung für die ganze Familie, Pensionsfonds und drei Wochen bezahlten Urlaub.
»Ben und Jerry« sind keine Ausnahme: Nach den Blumenkindern und radikalen Studenten, die in den sechziger und siebziger Jahren Vermont entdeckten, kommen heute viele Unternehmen aus der High-Tech-Branche hierher. Mitgebracht haben viele die Ideen der 68er und die politische Liberalität der Ostküste.
Im September und Oktober, dem Indian Summer, hüllt sich Vermonts Landschaft in einen verschwenderischen rot-gelben Laubteppich. Das ist die Zeit der »leaf peepers«, der Blattgucker, die via Hot-

Einsamer Hof beim Lake Champlain

Morgenstimmung am Caspian Lake bei Greensboro

Die sanft geschwungene Landschaft Vermonts eignet sich besonders zur Viehhaltung. Milchprodukte sind deshalb das Markenzeichen des Staates. Lange Zeit war die Zahl der Kühe größer als die der Menschen.

Bei Barre befindet sich eine der größten Granitabbaustellen der Welt

Die historische Gutshofanlage Shelburne Farms liegt idyllisch am Lake Champlain bei Burlington

Weite Flächen Vermonts sind dünnbesiedeltes Wald- und Weideland

lines und Info-Diensten zu Tausenden dem Naturspektakel folgen, das sich wie ein Feuerball von Norden nach Süden durch die Wälder Vermonts wälzt. Die Indianer hielten die herbstliche Blütenpracht für das Blut des Großen Bären, der vom Himmlischen Jäger erlegt wurde. Tatsächlich aber verdankt Neuengland diese Farbenorgie seinem extremen Herbstklima mit frostigen Nächten und warmen Tagen. Nur dann bildet sich das Farbpigment Anthocyan, das die Blätter so feuerrot färbt.

Als die Franzosen im 17. Jahrhundert keine Anstalten machten, sich dauerhaft im heutigen Vermont niederzulassen, wagten sich englische Siedler Ende des 17. Jahrhunderts aus der Deckung ihrer Vorposten und Forts im südlichen Vermont. Überfälle der von Franzosen unterstützten Indianer machten den Pionieren jedoch schmerzhaft deutlich, daß Vermont damals der »Wilde Westen« war. Bilderbuchorte wie Newfane, Townshend oder Grafton verraten heute nichts mehr von dieser gewalttätigen Vergangenheit. Sie können aber auch nicht darüber hinwegtäuschen, daß das ländliche Leben in Vermont abseits der Besucherströme oftmals entbehrungsreich und von Armut geprägt ist.

Woodstock: Stadtbild wie aus dem Werbespot

Woodstock gilt als *der* Bilderbuchort des Landes. Seine gedeckte Brücke direkt am oval geformten und baumgesäumten Dorfanger, die weißgetünchten Stadthäuser aus dem 19. Jahrhundert im repräsentativen Federal Style, die den »village green« umfassen, und die schöne Lage im Ottaquechee-Tal ziehen jahrein, jahraus scharenweise Besucher an. Sie sorgen dafür, daß es den Galerien und Geschäften auf der Elm und Central Street gut geht. Von Industrie verschont, zog der Ort frühzeitig Kunsthandwerker, Künstler und spendable Mäzene an wie die Rockefeller-Familie. Sie prägten entscheidend das gehoben künstlerische Ambiente des Ortes.

Vermont leistet sich die kleinste Hauptstadt aller Bundesstaaten, das etwa 8200 Einwohner zählende Montpelier. Mittelpunkt des attraktiv kompakten Örtchens im Tal des Winooski River ist das majestätische State House mit seiner Goldkuppel. Granit und Marmor, der für diesen Bau verwendet wurde, stammen unter anderem aus den gewaltigen Granit- und Marmorsteinbrüchen des benachbarten Industrieortes Barre.

Zentrum des sich anschließenden nördlichen Teils von Vermont ist Burlington, mit 40 000 Einwohnern größte Stadt und kulturelles Zentrum des Landes. Malerisch am Hang über dem Lake Champlain gelegen, entwickelte sich der Ort nach dem Unabhängigkeitskrieg schnell zu einem per Schiff und Bahn gut erschlossenen Industrie- und Handelszentrum. Die 1791 gegründete University of Vermont verlieh der Stadt weitere Impulse.

Burlington: Vermonts progressive High-Tech-Schmiede

Auch heute machen sich die 20 000 Studenten im Zentrum um den Church Street Market Place durch Buchshops, Second-Hand-Plattenläden und Szene-Kneipen bemerkbar. Viele Geschäfte zielen auf eine qualitäts- und designbewußte Mittelschicht ab – Anzeichen dafür, daß Burlington nun auch, wie zum Beispiel Seattle, als »dream town« gilt, in der alles stimmt. Kleine innovative Technologie- und Computerfirmen bieten interessante Jobs. Das kulturelle und politische Klima ist interessant – immerhin war Burlington jahrelang die einzige Stadt in den USA mit einem sozialistischen Bürgermeister.

Im nordöstlichen Hinterland breitet sich die von Gouverneur Aiken Northeast Kingdom getaufte Region aus. Einsame Höfe, verlassene kleine Ortschaften wie Brownington, Sandwege, die in der Wildnis enden, und jede Menge Elche geben einen Vorgeschmack auf die Weite Kanadas, die nicht mehr fern ist. Die weitgeschwungene Hügellandschaft macht fast jede Straße im Northeast Kingdom zur »scenic road«. Am Rand tauchen gelegentlich tiefblaue Seen wie Lake Memphremagog oder Lake Willoughby auf.

Die kanadische Grenze verläuft nicht nur mitten durch den Lake Memphremagog, sondern auch durch das Opernhaus von Derby Line: Während das Publikum auf der US-Seite sitzt, wird in Kanada aufgeführt. Die Legende will es, daß amerikanische Polizisten dem Bühnenauftritt eines Ganoven zuschauen mußten, weil die Grenze den Zugriff auf die Bühne verbot. Zweifelsohne Stoff für den Wahl-Vermonter Carl Zuckmayer, um daraus einen »Hauptmann von Derby Line« zu machen, hätte er von dieser Posse gewußt.

Abendstimmung am Lake Champlain im Hafen von Burlington

Bei Glover befindet sich das einmalige Requisitenmuseum des Bread & Puppet Theatre

Der Church Street Marketplace ist Burlingtons markante Fußgängerzone

In Vermont kann man auch »Ferien auf dem Bauernhof« verbringen. Die Broschüre »Farm Vacations« kann beim Vermont Dept. Of Travel & Tourism bezogen werden (134 State St., Montpelier, VT 05602, Tel. 802/828-32 36).
Verschiedene Ahornfarmer zeigen im Frühjahr die Ernte und Herstellung von Ahornsirup. Die Broschüre »Maple Sugarhouses Open to Visitors« gibt es beim Vermont Dept. Of Agriculture (116 State St., Montpelier, VT 05620-2901, Tel. 802/828-24 16).
In Vermont gibt es über 100 gedeckte Brücken. Die älteste ist die Pulp Mill Bridge in Middlebury (1820), die jüngste steht in Woodstock und wurde 1996 errichtet.

Der Süden

Karte: Seite 112/113, Planquadrat G 2.
Anreise: Nach Brattleboro: Auto: von New York über I-95 und I-91, von Boston über I-90 und I-91; Bus: »Vermont Transit Lines« (Tel. 802/864-68 11) verbinden alle größeren Orte Vermonts untereinander und mit New York, Boston und Montreal; Zug: Amtraks »Vermonter« von Washington D. C. nach Montreal hält in Brattleboro und Bellow Falls (Tel. 800/872-72 45).
Unterkunft: Brattleboro: »The Colonel Williams Inn« (9 mi westl. Rt. 9, Tel. 802/257-10 93, Fax 802/257-44 60): hübsche Zimmer, hervorragende Küche.
Wilmington: »The Hermitage« (Coldbrook Rd., Tel. 802/464-35 11): elegantes Landhotel mit Sportmöglichkeiten. Bennington: »Best Western New Englander Motor Inn« (220 Northside Dr., Tel. 802/442-63 11, Fax 802/442-63 11).
Sehenswürdigkeiten: Bennington Battle Monument (125 Monument Ave., Tel. 802/447-05 50): Der etwa 100 m hohe Obelisk (schöne Aussicht) erinnert an die Schlacht zwischen Briten und »Amerikanern« am 16. August 1777. Das angesehene und teure Bennington College besitzt einen sehr schönen Campus (Rt. 67A). In der idyllischen Kleinstadt stehen viele Häuser im Federal Style.
Ausflüge: Orte wie Newfane, Townshend, Dorset sowie das wohlhabende Grafton und Manchester sind schmucke Bilderbuchorte. Schöne Fahrtrouten sind die Routen 30 und 35, die 7 bzw. Rt. 7A und die Rundstrecke 9, 8 und 100 mit Wilmington als Start- und Endpunkt.
Von der 7A geht der Big Equinox Skyline Drive hinauf zum 1270 m hohen Rundblick. Von Chester aus lädt der historische Zug »Green Mountain Flyer« zu einer Rundfahrt durch das schöne südöstliche Vermont (Depot St., Tel. 802/463-30 69).
Einkaufen: Wilmington ist das touristische Einkaufszentrum in den südlichen Green Mountains. Viele Orte besitzen Country Stores mit einem zum Teil abenteuerlichen Sortiment aus Lebensmitteln, Drogerieartikeln, touristischen Memorabilia und Kunsthandwerk. Der Vermont Country Store in Weston ist überregional bekannt (Rt. 100). Entlang der Route 7 konzentrieren sich viele Antiquitätengeschäfte.
Festivals: Das Marlboro Music Festival mit einer Vielzahl klassischer Konzerte wird im Juli und August vom Marlboro College, einer national bekannten Musikerschmiede, ausgerichtet (Tel. 802/254-23 94).
Restaurants: s. »Unterkunft«, Brattleboro: »Common Ground« (25 Elliot St., Tel. 802/257-08 55): vegetarisch-alternatives Ambiente; Wilmington und die Skiorte bieten eine Fülle von Restaurants; Bennington: »Blue Benn Diner« (Rt. 7N, Tel. 802/442-51 40): authentisches Diner besonders zum Frühstücken.
Ski: Mount Snow/Haystack ist das südlichste Ski-Zentrum Vermonts, West Dover der zentrale Ferienort. Etwas nördlich liegt Stratton Mountain mit Stratton als Zentrum.
Information: Brattleboro Chamber of Commerce (180 Main St., Tel. 802/254-45 65); Bennington Area Chamber of Commerce (Veterans Memorial Dr., Tel. 802/447-33 11); Mt. Snow/Haystack Region Chamber of Commerce (Wilmington: E. Main St., Tel. 802/464-80 92).

REISE-INFO *VERMONT*

Vermonts State House in Montpelier

Die Mitte

Karte: Seite 112/113, Planquadrat E/F 2.
Anreise: Auto: Von Boston: I-93 und I-89, von New York: I-95 und I-91; Bus: s. o.; Zug: Amtraks »Vermonter« von New York nach Montreal hält in White River Junction und Montpelier.
Unterkunft: Die »Woodstock Area C.o.C.« sowie »Sugarbush Reservations« (Tel. 800/537-84 27) vermitteln Unterkünfte. Middlebury: »Middlebury Inn and Motel« (20 Court House Sq., Tel. 802/388-49 61): zentral gelegen. Montpelier: »The Inn at Montpelier« (147 Main St., Tel. 802/223-27 27, Fax 802/223-07 22): zentral und elegant.
Sehenswürdigkeiten: In ***Windsor*** wurde im Old Constitution House 1777 die Unabhängige Republik Vermont ausgerufen (Rt. 5, am nördlichen Ortsausgang, Tel. 802/674-37 73). Das American Precision Museum dokumentiert Erfindergeist und Präzision, mit der im Tal des Connecticut River die Werkzeugindustrie entwickelt wurde (Tel. 802/674-67 29, 196 Main St., Mo–Fr 9–17, Sa/So 10–16 Uhr). Die gedeckte Brücke über den Connecticut River ist mit ca. 157 m die längste in Neuengland.
Woodstock wartet mit einem perfekten Kleinstadtidyll auf. Hier wirkten Pioniere des Umweltgedankens wie George Perkins Marsh, der das Smithsonian Institute in Washington mit aufbaute, und Frederick Billings. Nach ihm wurde die Billings Farm and Museum benannt. Dieser landwirtschaftliche Betrieb zum Anfassen demonstriert das bäuerliche Leben Vermonts (Rt. 12, nördlich von Woodstock, Tel. 802/457-23 55; Mai–Okt. 10–17 Uhr).
In ***Proctor*** bei Rutland ist die Vermont Marble Exhibit Leistungsschau und geschichtliche Darstellung der regionalen Marmorindustrie zugleich (62 Main St., Tel. 802/459-23 00; Mo–Sa 9–16 Uhr). Das kleine New England Maple Museum stellt die Gewinnung des süßen Saftes dar (Pittsford, Rt. 7, Tel. 802/483-94 14; tgl. 10–16 Uhr). Das am Otter Creek gelegene ***Middlebury*** wird geprägt vom zentralen und sehenswerten Campus des renommierten Middlebury College.
In der Hauptstadt ***Montpelier*** ist das Vermont State House zu besichtigen (115 State St., Tel. 802/828-22 28; Mo–Fr 8 bis 16 Uhr). Das Vermont Museum beantwortet Fragen zu Vermont und seiner Geschichte (109 State St., Tel. 802/828-22 91; Di–Sa 9–16, So ab 12 Uhr).

Ausflüge: Dem Städtchen Brandon an der Rt. 7 sieht man vor lauter schön restaurierten historischen Bauten seine Industriegeschichte nicht an. Vom Mount Killington bieten sich schöne Ausblicke auf die Green Mountains, vom Appalachian Gap auf der Rt. 17 und der Fahrt hinunter nach Bristol auf das Tal des Lake Champlain. An der Rt. 100 bei Waterbury kommen Freunde der amerikanischen Eiscreme und frisch gepreßten Apfelciders bei »Ben & Jerry's«-Ice Cream Factory und der Cold Hollow Cider Mill auf ihre Kosten.

Einkaufen: Das Vermont State Craft Center in Middlebury zeigt die Werke von etwa 300 Kunsthandwerkern aus Vermont (Mill St., Tel. 802/388-2011); an Route 7 konzentrieren sich Antiquitätengeschäfte.

Restaurants: Woodstock: »Bentleys of Woodstock« (3 Elm St., Tel. 802/457-3232): zentral gelegen. Middlebury: »Woody's« (5 Bakery Lane, Tel. 802/388-4182): »szenig« mit Blick auf den Otter Creek. Montpelier: »The Chief's Table« (118 Main St., Tel. 802/223-2727): Hier präsentieren Studenten des New England Culinary Institute professionelle Menüs.

Ski: In den mittleren Green Mountains konzentrieren sich mehrere Skigebiete. Die bekanntesten sind Suicide Six, Mount Killington und Mount Pico bei Woodstock sowie Sugarbush und Mad River Glen bei Waitsfield.

Information: Addison County Chamber of Commerce (Middlebury: 2 Court St., Tel. 802/388-7951), Quechee Chamber of Commerce (Tel. 802/295-7900), Rutland Region Chamber of Commerce (256 North Main St., Tel. 802/773-2747), Sugarbush Chamber of Commerce (Waitsfield: Rt. 100, Tel. 802/496-3409), Windsor Area Chamber of Commerce (Main St., Tel. 802/674-5910), Woodstock Area Chamber of Commerce (18 Central St., Tel. 802/457-3555).

Erholungsort Brandon: gediegenes Interieur im »Brandon Inn« in den Green Mountains

Der Norden

Karte: Seite 112/113, Planquadrat D/E 2.

Anreise: Auto: Von Boston über I-93 und I-89, von New York und Montreal über I-87 und Autofähre nach Burlington; Bus: s. o.; Zug: Amtraks »Vermonter« von New York nach Montreal hält in Waterbury, Essex Junction und St. Albans, der »Adirondack« von New York nach Montreal in Port Kent in Upstate New York. Von dort verkehrt eine Fähre nach Burlington.

Unterkunft: Burlington: »Radisson Hotel« (610 Battery St., Tel. 802/658-6500, Fax 802/658-4659): zentral mit Seeblick; »The Inn at Shelburne Farms« (Shelburne: Harbor Road, Tel. 802/985-8498, Fax 802/985-8123): luxuriöse Gutsherrnanlage am See, außerhalb gelegen. Stowe: »Trapp Family Lodge« (Luce Hill Rd., Tel. 802/253-8511): »Ferienhof«.

Sehenswürdigkeiten: ***Shelburne Farms*** (Shelburne: Harbor Road, Tel. 802/985-8686): um 1890 parkähnlich angelegter, luxuriöser Gutshof. Shelburne Museum (Rt. 7, Tel. 802/985-3346; Mitte Mai–Mitte Okt. 10–17 Uhr): Freilichtmuseum mit 37 historischen Häusern aus Neuengland, einem Raddampfer und einer Folk-Art-Sammlung. Der Ethan Allen Homestead erzählt die Geschichte dieses ebenso schillernden wie draufgängerischen Revolutionshelden aus Vermont (***Burlington***: North Ave., Tel. 802/865-4556; Mai–Okt. tgl. 13–17 Uhr, im Sommer ab 10 Uhr).

In ***St. Johnsbury*** zeigen die Maple Grove Farms of Vermont alles rund um den Ahornsirup inklusive Fabrikführung (167 Portland St., Tel. 802/748-5141). Glanzstück des St. Johnsbury Athenaeum mit seiner kleinen Galerie ist Alfred Bierstadts »Domes of Yosemite«. In ***Glover*** zeigt das Bread & Puppet Museum die außergewöhnlichen, überlebensgroßen Masken und Puppen der vom Deutschen Peter Schuhmann 1962 gegründeten Theatergruppe, die durch ihre politisch engagierten, prozessionsartigen Aufführungen bekannt ist (Rt. 122, 1 mi östlich von Rt. 16, Tel. 802/525-3031; Mai–Okt. 10–18 Uhr).

Ausflüge: Rundfahrten über den Lake Champlain bietet »The Spirit of Ethan Allen« (Burlington, Tel. 802/862-9685). Auch die Fahrt mit der Fähre von Burlington nach Port Kent lohnt bei schönem Wetter (Tel. 802/864-9804).

Einkaufen: Burlington bietet eine attraktive Fußgängerzone und Shopping-Malls.

Ski: Die Region um den Mt. Mansfield mit Stowe als Zentrum und Burke Mountain östlich von East Burke sind Vermonts nördliche Skigebiete.

Information: Lake Champlain Regional Chamber of Commerce (Burlington: 60 Main St., Tel. 802/863-3489), Stowe Area Association (Main St., Tel. 802/253-7321), St. Johnsbury Chamber of Commerce (Western Ave., Tel. 802/748-3678).

Beschauliche Flußfahrt auf dem White River bei Quechee

Restaurants, Cafés und eine Vielzahl von Geschäften prägen den Church Street Marketplace, die Fußgängerzone im Zentrum Burlingtons

Gedeckte Brücke in Cornish-Windsor

Der Lake Champlain ist der sechstgrößte Süßwassersee der USA

Ethan Allen Homestead in Burlington

Burlington ist Vermonts »Metropole« am Lake Champlain. Die Studentenstadt mit ihren rund 40 000 Einwohnern versprüht Urbanität im Westentaschenformat. Innovative Kleinunternehmen fühlen sich in dieser kürzlich zur »Dream Town« gekürten Stadt wohl, wie schon vor ihnen der Vermonter Revolutionsheld Ethan Allen, der von hier gegen die Briten kämpfte. Sein Haus erinnert an ihn und an das Leben in Vermont im 18. Jahrhundert.

St. Johnsbury Athenaeum mit A. Bierstadts Gemälde »Domes of Yosemite«

NEW HAMPSHIRE

»Granite State« mit zwei Gesichtern

Weil der Boden so karg und steinig ist, nennt sich New Hampshire auch »Granitstaat«. Aber das Land hat mehr zu bieten als Steine: Im Norden präsentiert es sich als Wildnis mit vielen Seen und den waldreichen White Mountains (Foto: Lake Winnipesaukee). Der Süden mit seiner kurzen Küste, der Hafenstadt Portsmouth und der Textilmetropole Manchester ist dagegen voller Historie.

Die kargen und steinigen Böden, die New Hampshire den Beinamen »Granite State« einbrachten, bekamen insbesondere diejenigen Siedler zu spüren, die den paradiesischen Verheißungen der ersten Entdecker gefolgt waren. Im 19. Jahrhundert mußten viele Farmer ihre unwirtschaftlichen Bauernhöfe verlassen, zogen nach Westen oder arbeiteten in den neugegründeten Industrie-Städten New Hampshires.

Die schwierigen natürlichen Bedingungen machten die Menschen kämpferisch, auch gegenüber der alten Heimat. Frühzeitig, nämlich 1774, unternahmen Kolonisten einen unblutigen Überfall auf das heutige Fort Constitution, um Munition für die sich anbahnende Auseinandersetzung mit dem Mutterland zu erbeuten. Während des Unabhängigkeitskrieges stellte die Kolonie zwei der erfolgreichsten Militärführer, John Stark, Urheber des Staatsmottos »Live free or die«, und John Sullivan.

Erst im 20. Jahrhundert endeten die Grenzstreitigkeiten

Konfliktfreudig blieben seine Bewohner. Auch mit den Nachbarn ging New Hampshire nicht zimperlich um: Mit New York focht Gouverneur Benning Wentworth schon zu Kolonialzeiten um das Territorium des heutigen Vermonts. Mit Massachusetts, mit dem New Hampshire bis 1692 vereint war, gab es ebenfalls unterschiedliche Grenzauffassungen. Es folgten Grenzstreitigkeiten mit Kanada und schließlich mit Maine und Vermont, die erst im 20. Jahrhundert vor dem höchsten Bundesgericht entschieden wurden.

So ist es nicht verwunderlich, daß es im Bürgerkrieg 1865 ein Regiment aus New Hampshire war, das die siegreichen Unionstruppen in die gefallene Hauptstadt der abtrünnigen Südstaaten anführte. Nicht umsonst ist New Hampshire der einzige Bundesstaat, dessen Autonummernschilder ein politischer Kampfruf schmückt: »Live free or die«.

In New Hampshire beginnt der Präsidentschafts-Wahlkampf

»As New Hampshire goes, so goes the Nation« – Wohin New Hampshire geht, folgt die Nation –, diesen Spruch gibt es schon lange in den USA. Seine besondere Bedeutung erhält er alle vier Jahre bei

1902 entstand das gewaltige »Mount Washington Hotel« in Bretton Woods

Strandleben in Hampton Beach: Über den Klippen erheben sich die Villen der »Millionaires' Row«

In den letzten Jahren wurde das historische Hafenviertel von Portsmouth, Strawbery Banke, restauriert

Kitsch und kleine Nützlichkeiten: Old Country Store in Moultonborough

den Primaries, den Vorwahlen für die offiziellen Präsidentschaftskandidaten. Zwar ist New Hampshire mit etwas über einer Million Einwohner ein wahlpolitischer Zwerg im Wettlauf um die Kandidatur um das höchste politische Amt der Nation, doch das Wahlrecht des Staates verlangt, daß hier die erste Vorwahl stattzufinden hat.

Das rückt New Hampshire alle vier Jahre im Winter ins nationale Rampenlicht, wenn das Gerangel um die günstigste Startposition im Rennen um die Kandidatennominierung stattfindet. Und meist machten die Kandidaten, die in den Primaries von New Hampshire siegten, auch bundesweit das Rennen.

Konsequent zeigt sich das Land auch in anderer Hinsicht: Der Staat erhebt keine Umsatz- und keine allgemeine Einkommenssteuer. Wer hier politisch etwas werden will, sollte das Wort »Einkommenssteuer« erst gar nicht in den Mund nehmen. Die fehlende Einkommenssteuer freut insbesondere viele Bewohner aus Massachusetts, die hier ihren Zweitwohnsitz haben. Von der fehlenden Umsatzsteuer profitieren auch die Touristen. Nicht umsonst beherbergt North Conway in den White Mountains eine der größten Einkaufsmeilen, in der sich ein Fabrikdirektverkauf an den anderen reiht.

Die etwa 400 Abgeordneten, mit denen sich New Hampshire in der Hauptstadt Concord das größte Abgeordnetenhaus der Nation leistet, erhalten pro Jahr nur wenige hundert Dollar Aufwandsentschädigung für ihre Sitzungen. »So wenig Staat wie möglich«, lautet die Devise, die man sonst so unverblümt nur in westlichen Bundesstaaten antrifft.

Leuchtturm vor der Küste von Hampton Beach

Die United Church of Christ im sehenswerten Städtchen Keene

New Hampshire hat zwei Gesichter: Der Süden ist dicht bevölkert und wurde gewissermaßen zum Vorort Bostons. Hier gibt es mondäne Landhotels, randvoll gepackte Country Stores, zahlreiche Bilderbuchorte, schöne Strände sowie ein sorgsam gepflegtes historisches Erbe wie zum Beispiel Strawbery Banke, das alte Hafenviertel von Portsmouth. Im Norden zeigt sich das andere New Hampshire: eine Wildnis von Seen, Bergen und immergrünen Wäldern.

»Er ist einer der besten Staaten«, befand der kalifornische Dichter Robert Frost, »Vermont ist der andere«. Nur zu gern würde jeder der beste sein, deshalb kultivieren die beiden Nachbarn wie ungleiche Zwillinge ihre tatsächlichen und eingebildeten Unterschiede.
Unübersehbar ist, daß beide Staaten mit einem unterschiedlichen geologischen Erbe gesegnet sind. Vermont besteht überwiegend aus offenem, für die Landwirtschaft hervorragend geeignetem Land. Dagegen zwangen New Hampshires dichte Wälder und die steinigen, kargen Böden die Menschen, sich andere Verdienstmöglichkeiten zu suchen. Das Land wurde rasch industrialisiert, besonders im dichtbesiedelten Merrimack River Valley.
Die Besiedlung New Hampshires begann 1630 an der Mündung des Piscataqua River in den Atlantik. Trotz anfänglich überhöhter Erwartungen entwickelte

Alles im Blick haben die Life Savers am Echo Lake am Fuß des Cannon Mountain

Kanutour auf dem Beaver Brook

sich Portsmouth, das damals noch Strawbery Banke hieß, schnell zum wirtschaftlichen und kulturellen Zentrum der Kolonie. Insbesondere der Reichtum an Kiefern, deren Stämme das für Schiffsmasten ideale »Gardemaß« von geradegewachsenen 60 Metern Höhe besaßen, ließ hier eine kleine, königstreue Aristokratie entstehen, die die englische Kriegsflotte belieferte. Die engen Handelsbeziehungen waren der Grund, daß das revolutionär gesinnte New Hampshire Portsmouth 1775 den Regierungsstatus entzog. Heute gewährt das restaurierte Hafenviertel Strawbery Banke anschauliche Einblicke in die Alltagsgeschichte der Stadt. Die nur 22 Kilometer lange Küste südlich der hanseatisch anmutenden Hafenstadt verwandelt sich dank ihrer feinsandigen Strände im Sommer in einen einzigen großen Badeort.
Ein angenehmer Badeurlaub läßt sich auch im Landesinnern verbringen. Das

Wanderweg in den White Mountains mit Blick auf die Franconia Notch

Historischer Bahnhof von North Conway

Conway Scenic Railroad: Einstieg zur Rundfahrt durch die White Mountains

Viktorianisches Bahnhöfchen in der Crawford Notch

Die White Mountains sind der höchste Gebirgszug Neuenglands. Ein Nationalforst stellt etwa 80 Prozent des Granitmassivs unter besonderen Schutz. Rund 2000 Kilometer Wanderwege, darunter der Appalachian Trail, machen die White Mountains zum ganzjährigen Publikumsmagneten. Besonders reizvoll ist die Gegend im Herbst, zur Zeit der Foliage.

wußte schon Gouverneur John Wentworth zu schätzen, der sich ab 1763 regelmäßig in seine Sommerresidenz ins schöne Wolfeboro am Lake Winnipesaukee zurückzog. »Das Lächeln des großen Geistes« nannten die hier ansässigen Indianer diesen größten See des Staates mit seinen etwa 470 Kilometern Küstenlinie und fast 300 Inseln.

Die etwa 300 Seen und die sanft geschliffene Hügellandschaft im südlichen New Hampshire sind eine Segnung der letzten Eiszeit. Hier gibt es unberührte Kleinodien, über denen der einsame Ruf von seltenen Vogelarten erklingt, aber auch Seen, auf denen sich die Motorboote der vielen Besucher drängeln. Westlich an diese Region grenzt der dichtbesiedelte Korridor des Merrimack River, dessen Wasserkraft im 19. Jahrhundert die vielen Webstühle antrieb. Allein in Manchester ratterten Tausende. Hier stand an der Wende zum 20. Jahrhundert die größte Textilfabrik der Welt: 17 000 Menschen arbeiteten für die Amoskeag Manufacturing Company.

Landflucht und Wirtschaftskrise konservierten die Dörfer

Die Textilfabriken zogen nicht nur zahlreiche Einwanderer und Frankokanadier an, sie lockten auch viele verarmte Farmer von ihren Feldern in die Städte und Fabriken. Deshalb wurden große Teile Neuenglands in einem vorindustriellen, dörflichen Zustand konserviert, der seine eigene Romantik besitzt. Mit dem Rückzug der Textilindustrie im frühen 20. Jahrhundert blieb nicht viel mehr als diese ländliche »Romantik« übrig, zu wenig, um die Arbeitslosen ernähren zu können.

Wie alle Neuengland-Staaten tat sich auch New Hampshire schwer mit dem wirtschaftlichen Strukturwandel. Erst nach dem Zweiten Weltkrieg wurden die »konservierten« Seiten New Hampshires in größerem Stil für den Tourismus entdeckt. Einer der schönsten »zurückgebliebenen« Landstriche mit zahlreichen verträumten und bilderbuchgleichen Dörfern versteckt sich südwestlich des alten Industriekorridors. Unbestrittener »Wallfahrtsort« dieser Region ist der etwa 1000 Meter hohe Mount Monadnock. Von seiner Spitze aus kann man bei guter Sicht die etwa 115 Kilometer entfernte Skyline Bostons erkennen.

Winnipesaukee, Ossipee, Nashua, Penacook, Piscataqua oder Chocorua: Auf-

Seit 1869 erklimmt die Mount Washington Cog Railway den höchsten Gipfel Neuenglands

Nach abenteuerlicher Fahrt mit bis zu 37 Prozent Steigung hat die Bergbahn den Gipfel erreicht

Das extreme Wetter läßt auf dem Mount-Washington-Massiv kaum Vegetation zu

fällig sind die zahlreichen indianischen Namen. Nachdem viele Stämme zunächst auf Kooperation gesetzt hatten, widersetzten sie sich gewaltsam der Landnahme. Die Antwort der Weißen war eine offizielle »Skalpgeld«-Politik, die jeden Haarschopf eines Kriegers mit 100 Dollar und den eines Knaben mit 10 Dollar prämierte. Grausamkeit war keine Frage der Hautfarbe, doch das Prämiensystem zeigte, daß die Idealisten, die an ein friedliches Miteinander geglaubt hatten, nun keinen Einfluß mehr hatten.

Eingeschleppte Krankheiten, Kriege und systematische Verfolgung vertrieb die Ureinwohner nach Westen und nach Kanada. Das rekonstruierte Fort at No. 4 bei Charlestown am Connecticut River dokumentiert noch heute den lebensgefährlichen »Wilden Westen«, der hier bis ins frühe 18. Jahrhundert herrschte.

Heutzutage trägt eine der meistbefahrenen Autorouten von New Hampshire den Namen eines berühmten Stammesoberhauptes: Kancamagus. Er stand einer Stammesallianz vor, die sich Ende des 17. Jahrhunderts gezwungen sah, die Waffen zu erheben. Daran denken die wenigsten Besucher bei den schönen Aussichten auf die südlichen White Mountains, die der Kancamagus Highway bietet.

Die Krone der White Mountains: Mount Washington

Die schneebedeckten Spitzen der White Mountains verliehen diesem Granitmassiv seinen Namen. Die landschaftliche Schönheit und die Dramatik seiner schroffen Täler und Schluchten zog schon im 19. Jahrhundert betuchte Erholungssuchende in Ferienorte wie Bretton Woods und Bethlehem. Auch Landschaftsmaler wie Alfred Bierstadt zog es hierher.

Gekrönt wird diese Bergkette, die als National Forest zum größten Teil unter Naturschutz steht, vom Mount Washington, mit 1917 Metern die höchste Erhebung im amerikanischen Nordosten. Auf diesem kahlen Gipfel tobt sich das Wetter aus. Selbst an sonnigen Tagen steckt der Berg oft tief in den Wolken, im Sommer liegt hier gelegentlich Schnee. Manchmal rast der Sturm mit unglaublicher Wucht über die Bergkuppe: Am 12. April 1934 wurde auf dem Mount Washington die bislang höchste Windgeschwindigkeit gemessen: 372 Stundenkilometer.

REISE-INFO *NEW HAMPSHIRE*

Küste

Karte: Seite 112/113, Planquadrat F/G 4.
Anreise: Auto: Von Boston ist die I-95 die schnellste, die Rt. 1A die schönste Anfahrtsroute; Bus: »C & J Trailways« (Tel. 603/742-51 11), »Concord Trailways« (603/228-33 00), »Peter Pan Bus Lines« (603/889-21 21) und »Vermont Transit« (603/228-33 00) bieten von Boston und anderen Neuengland-Staaten Verbindungen nach New Hampshire.
Unterkunft: Portsmouth: »Sise Inn« (40 Court St., Tel. u. Fax 603/433-12 00) und »Sheraton Portsmouth Hotel« (250 Market St., Tel. 603/431-23 00, Fax 603/433-56 49): beide zentral gelegen.
Sehenswürdigkeiten: Strawbery Banke in Portsmouth: Freilichtmuseum im alten Hafengebiet mit detailgenau eingerichteten Häusern aus der Zeit von 1695 bis 1955 (Marcy St., Tel. 603/433-11 00; Mai bis Okt. tgl. 10–17 Uhr).
Ausflüge: Eine Fahrt entlang der Küste auf der Rt. 1A führt an Stränden, Badeorten, Villen und Naturschutzgebieten vorbei. Wanderwege und das Seacoast Science Center mit Aquarium bringen Flora und Fauna der Küste nahe (Rye, Rt. 1A). Besonders bei der Fahrt nach Süden fallen in Rye und North Hampton die Villen der Millionaires' Row auf. Den Flair der fünfziger Jahre findet man noch auf der 5 km langen Strandpromenade von Hampton Beach, dem »Mallorca« New Hampshires. Ein Ziel für Vogel- und Naturliebhaber ist die Great Bay im Inland. Wanderwege und Kanurouten erschließen dieses brackige Tidenhubgewässer, das unter anderem eine Adlerkolonie beherbergt (Sandy Point Discovery Center, Greenland: Depot. Rd. an der Rt. 101, Tel. 603/778-00 15).
Einkaufen: In Portsmouth gibt es viele Galerien und Boutiquen. Im benachbarten Kittery (Maine) liegt eine der größten Factory Outlet Malls von Neuengland.
Restaurants: Portsmouth: »Blue Mermaid World Grill« (The Hill, Tel. 603/427-25 83); die Bow St. besitzt zahlreiche einfache, aber gemütliche Restaurants mit schönem Blick auf den Hafen.
Strände: Neben Hampton Beach gibt es in Rye mit Rye Beach und besonders Jenness Beach und Wallis Sands State Park einige weniger überlaufene Badestrände.
Information: Seacoast Council on Tourism (Portsmouth: 235 West Rd., Suite 10, Tel. 603/436-98 00); Greater Portsmouth Chamber of Commerce (500 Market St., Tel. 603/436-11 18; Infobox am Market Square); Hampton Beach Area Chamber of Commerce (Hampton: 836 Lafayette Rd., Tel. 603/926-87 17).

Süden, Westen

Karte: Seite 112/113, Planquadrat G 2, F 3.
Anreise: Auto: von Boston I-93 und I-89; Bus: s. o. »Küste«; Zug: Amtraks »Vermonter« streift New Hampshire westlich und hält u. a. in Brattleboro.
Unterkunft: Hanover: »Hanover Inn« (The Green, Tel. 603/643-43 00, Fax 603/646-37 44): im Herzen des College. Peterborough: »Hancock Inn« (Main St., Tel. 603/525-33 18, Fax 603/525-93 01).
Sehenswürdigkeiten: Hanover wird vom Campus des renommierten Dartmouth College dominiert. Das College wurde 1796 zunächst für die Ausbildung indianischer Jugendlicher gegründet und gehört heute zu den Eliteschulen der Ivy League. Führungen werden angeboten (Hanover: Whellock St., Tel. 603/646-28 08). Das Mount Kearsarge Indian Museum zeigt Kunsthandwerk und Alltag der hier ansässigen Indianer (Warner, Kearsarge Mountain Rd., Tel. 603/456-26 00; Mai–Okt. tgl. 10–17, So ab 12 Uhr, Nov./Dez. nur Sa/So). Das Fort at No. 4 in der Nähe des Connecticut River ist eine originalgetreue Reproduktion eines Forts von 1744. (Charlestown: Rt. 11W, Springfield Rd., Tel. 603/826-57 00; Mai bis Okt. Mi–Mo 10–16 Uhr).
In Cornish etwas weiter nördlich gibt es vier gedeckte Brücken. Die 157 m lange Cornish-Windsor Bridge, die den Connecticut River seit 1866 überspannt, ist die längste gedeckte Brücke der Nation.

Schwerstarbeit: Mount Washington Cog Railway

Cornish selbst besaß um 1900 eine renommierte Künstlerkolonie, deren Zentrum das herrschaftliche und inspirierend gelegene Anwesen des Bildhauers Augustus Saint-Gaudens war (Saint-Gaudens National Historic Site: Cornish, Rt. 12A, Tel. 603/675-21 75; Mai–Okt. tgl. 9–16.30 Uhr). Eine aktive Künstlerkolonie existiert in Peterborough. Die MacDowell Colony, wo Willa Cather und Thornton Wilder wirkten, ist heute für Besucher teilweise zugänglich (100 High St., Tel. 603/924-38 86).
Ausflüge: Eine Tageswanderung auf den Mt. Monadnock ist ein Muß für jeden, der diese Region besucht (Monadnock State Park Headquarters, Dublin Road, Tel. 603/532-88 62). Pisgah State Park bei Chesterfield ist ein großes urwaldähnliches Territorium, das durch Wanderwege erschlossen und von Chesterfield östlich von Brattleboro erreichbar ist (Pisgah State Park, Tel. 603/239-81 53). Einige der schönsten Bilderbuchdörfer der Region sind u. a. Walpole, Charlestown, Marlow und Fitzwilliam.
Restaurants: Peterborough: »Folkway« (85 Grove St., Tel. 603/924-74 84): Restaurant mit Live-Musik-Tradition.
Information: Southern New Hampshire Visitor & Convention Bureau (Box 115, Windham 03087, Tel. 800/932-42 82); Monadnock Travel Council (Keene: 48 Central Sq., Tel. 603/352-13 03).

Die Seen

Karte: Seite 112/113, Planquadrat F 3/4.
Anreise: Auto: von Boston I-93 und Rt. 11; Bus: s. o. »Küste«.
Unterkunft: »Preferred Vacation Rentals« vermittelt Ferienhäuser und -hütten (Center Harbor, Rt. 25, Tel. 603/253-78 11). Wolfeboro: »The Wolfeboro Inn« (90 N. Main St., Tel. 603/569-30 16, Fax 603/569-53 75).
Sehenswürdigkeiten: Das Canterbury Shaker Village ist eines der eindrucksvollsten Museumsdörfer dieser Religionsgemeinschaft (288 Shaker Rd., Nähe Rt. 106, Tel. 603/783-95 11; Mai–Okt. tgl., April, im Nov./Dez. nur Sa/So). Vom extravaganten »Schloß in den Wolken« bietet sich ein grandioser Ausblick auf den Lake Winnipesaukee (Castle in the Clouds, Moultonborough, Rt. 171, Tel. 603/476-23 52; Mai–Anfang Juni Sa/So, Mitte Juni–Mitte Okt. tgl.).
Ausflüge: Die Mount Washington Cruises bieten Linien- und Ausflugsfahrten

auf dem Lake Winnipesaukee (Tel. 603/366-5531). Am weniger erschlossenen Squam Lake liegt das Science Center of New Hampshire. Naturgehege zeigen einheimische Tiere, auch naturkundliche Bootsfahrten auf dem Squam Lake werden angeboten (Holderness: Rt. 113/25, Tel. 603/968-7194; tgl. Mai–Okt.). Diverse Bootsvermietungen.

Die nordöstliche Seite des Lake Winnipesaukee ist wesentlich ruhiger als der Rest: Wolfeboro und Center Sandwich sind zwei der schönsten Orte der Region. Vom Abenaki Tower bietet sich eine Rundumsicht auf den Lake Winnipesaukee (Rt. 109, nördlich von Wolfeboro).

Einkaufen: Moultonboroughs Old Country Store ist eine unerschöpfliche Fundgrube für regionale Andenken und Haushaltswaren (an der Dorfkreuzung). Quilts (Patchwork-Decken) bietet »Keepsake Quilting & Country Pleasures« (Center Harbor: Center's Marketplace, Rt. 25B).

Festivals: Sandwich Fair: Kirmes mit Tierschau und viel Lokalkolorit (Center Sandwich, Columbus Day Weekend).

Restaurants: Wolfeboro: »Wolfeboro Inn« (s. »Unterkunft«); »The Bittersweet« (Rt. 28, Tel. 603/569-3636).

Information: Lakes Region Assoc. (Center Harbor: Box 589, Tel. 603/253-8555)

White Mountains

Karte: Seite 112/113, Planquadrat E3.

Anreise: Die I-93 führt von Boston in die White Mountains; Bus: s. o. »Küste«.

»Spinnerei« im Canterbury Shaker Village

Unterkunft: Vermittlungen u. a.: »WM Valley Chamber of Commerce« (s. »Information«), »Country Inns in the WM« (P.O. Box 2025, N. Conway, NH 03860, Tel. 603/356-9460). Top-Hotel-Adressen: »Balsams Grand Resort Hotel« (Tel. 603/255-3400, Fax 603/255-4221), »Mount Washington Hotel« (Bretton Woods, Tel. 603/278-1000, Fax 603/278-3457).

Sehenswürdigkeiten: Das »Mount Washington Hotel« in Bretton Woods ist eines der letzten historischen Luxushotels. 1944 tagte hier der Weltwährungsfonds.

Beim Pisgah State Park südlich von Keene

Ausflüge: Die White Mountains sind eines der schönsten Wandergebiete Neuenglands. Der Appalachian Mountain Club (AMC) unterhält Wanderwege und Hütten (Gorham, Pinkham Notch, Rt. 16, Tel. 603/466-2721). Der WM National Forest informiert über Wanderwege und Campingmöglichkeiten (Laconia: 719 N. Main St., Tel. 603/528-8721).

Empfehlenswerte Wanderungen: auf den Mount Chocorua (ca. 5 Std. hin- und zurück), zu den Sabbaday Falls (1 Std., einfach), Abschnitte des Appalachian Trail (z.B. von der Rt. 112). Grandios ist der morgendliche Blick vom Mount Willard in die Crawford Notch (ca. 2 Std.).

Weitere Empfehlungen: die Fahrt über den Kancamagus Highway und die Rt. 302 zwischen Bartlett und Bretton Woods durch die schöne Crawford Notch; alternativ eine Fahrt mit der historischen Conway Scenic Railroad durch das Tal (North Conway, Main St., Tel. 603/356-5251; »Notch Train«: Di–So Juli–Mitte Okt., »Valley Train«: Mitte April–Mitte Mai und Nov./Dez. nur Sa/So, Mitte Mai–Okt. tgl.). Interessant sind auch die Erkundung des Saco River, ein Blick auf den »Old Man of the Mountain« über dem Profile Lake, eine Gondelfahrt auf den Cannon Mountain (schöne Rundumsicht, Tel. 603/823-7177) und eine Fahrt mit der Mount Washington Cog Railway auf den Mount Washington (Bretton Woods, Rt. 302, Tel. 603/846-5404, frühzeitig reservieren).

Einkaufen: North Conway im MW Valley ist mit etwa 200 Geschäften, Restaurants und Outlet Shops ein Publikumsmagnet. Markenschuhe und Bekleidung aller Art dominieren unter den Outlets. Aber auch Haushaltswaren, Reise- und Freizeitausstatter sind zu finden (tgl. 9–18 Uhr).

Restaurants: v. a. in der Region North Woodstock/Lincoln und an der Rt. 302 zwischen Bartlett und Conway.

Ski: Waterville Valley (Tel. 603/236-8311), Mt. Cranmore (North Conway, Tel. 603/356-5543), Wildcat (Pinkham Notch, 603/466-3326), Attitash Bear Peak (Bartlett, Tel. 603/374-6501), Bretton Woods (Tel. 603/278-5000), Cannon Mountain (Franconia, Tel. 603/823-5563), Loon Mountain (Lincoln, Tel. 603/745-8111).

Information: MW Valley Chamber of Commerce (North Conway, Tel. 603/356-5701, Infokiosk: North Conway Village, Rt. 16, Main St.); der WM National Forest Service unterhält Infokioske, z.B. in Conway (33 Kancamagus Highway, Nähe Rt. 16, Tel. 603/447-5448).

Die Kirchen von Marlow im Südwesten von New Hampshire sind ein beliebtes Fotomotiv

Das viktorianische North Conway Depot

Portsmouth, Strawbery Banke: Kutscher...

Historischer Schlepper im Hafen von Portsmouth

Während der Blütezeit um 1800 gedieh Strawbery Banke – das spätere Portsmouth – zu einem lebhaften Hafenviertel. Als es Mitte des 20. Jahrhunderts reif war für den Abriß, stellte man die Reste unter Denkmalschutz. Seither wird es restauriert und ermöglicht einen interessanten Einblick in die Geschichte der Stadt. Inzwischen umfaßt das Freilichtmuseum mehr als 30 Gebäude – Schulen, Ställe, Läden, Wohnhäuser – aus der Zeit von 1695 bis 1920.

...und Frau im historischen Hafenviertel

MAINE

Das Land der Leuchttürme

Seine 63 Leuchttürme sind eines der Wahrzeichen von Maine, dem größten und nördlichsten Staat Neuenglands (Foto: Cape Neddick Lighthouse). Sie weisen den Schiffen den Weg entlang der über 5500 Kilometer langen zerklüfteten Küste. Dort liegen die schönsten Sehenswürdigkeiten des Landes: pittoreske Orte wie Camden sowie Mount Desert Island mit dem Acadia National Park.

Das selbsternannte »Vacationland« Maine ist der mit Abstand größte der sechs Neuengland-Staaten. Der Norden und das Binnenland sind weitgehend menschenleer. Dort kann man etwas spüren von der Unendlichkeit und Wildnis, wie man sie sonst nur aus Kanada oder dem Westen der USA kennt. Deshalb bezeichnete schon Henry David Thoreau dieses Land als »letzte Wildnis östlich des Mississippi«.
5000 Flüsse und über 2000 Seen durchziehen das Land. Aus den scheinbar endlosen Wäldern, die 80 Prozent des Staates bedecken, erhebt sich die Geröllspitze des 1606 Meter hohen Mount Kathadin. Dort beginnt der Appalachian Trail, einer der längsten, schwierigsten und schönsten Wanderpfade des Kontinents (siehe auch Seite 102/103).
Maine gehört nicht zur altehrwürdigen Riege der 13 atlantischen Gründerstaaten der Nation. Erst 1820 spaltete sich das Land von Massachusetts ab, um als sklavenfreier Staat der Union beizutreten. Dies war aus Gründen des politischen Gleichgewichts zwischen Sklavereibefürwortern und -gegnern in Washington notwendig geworden, denn Missouri war im gleichen Jahr als sklavenhaltender Staat von der Union aufgenommen worden. Bis 1842 stritten sich dann die USA und Kanada um den korrekten Grenzverlauf, denn der Holzreichtum des jungen Bundesstaates weckte Begehrlichkeiten auf beiden Seiten. Im »Aroostook-Krieg« von 1839 blieb es allerdings beim unblutigen Truppenaufmarsch am St. John River.

Das Land gehört den großen Holzunternehmen

Heute ist Aroostook, der nördlichste Bezirk von Maine, die Kartoffelkammer Neuenglands. Doch vor dem Entstehen des »potato empire« nutzten schon andere Branchen den natürlichen Reichtum Maines – und hinterließen ihre Spuren: Für Schiffsbau und Papierindustrie wurden bis Ende des 19. Jahrhunderts die Urwälder der Region abgeholzt. An ihre Stelle traten Sekundär- und Tertiärwälder. Etwa 95 Prozent von Maine befinden sich in Privatbesitz, ein Großteil davon in den Händen holzverarbeitender Unternehmen, die um 1645 in South Berwick das erste Sägewerk in den USA errichteten. Viele Straßen im Inland sind nach wie vor Privatstraßen der Holzfirmen, und viele Orte besitzen den Charme schnellgezimmerter Firmensiedlungen. Augusta, die Hauptstadt, und Bangor entwickelten sich zu holzindustriellen Zentren, die günstig an den Hauptwasserstraßen des Kennebec und Penobscot River lagen. Doch bevor man sich der Wälder bemächtigen konnte, galt es, das Territorium zu befrieden. Bis zum Unabhängigkeitskrieg rangen insbesondere Franzosen und Briten um die regionale Vorherrschaft. Die Befestigungsanlagen Fort Knox sowie Fort George in Castine an der strategisch wichtigen Penobscot Bay sind Zeugen dieser Auseinandersetzungen.

Fiasko in der Penobscot Bay

Hier erlebte die amerikanische Marine ein Fiasko: Eine acht Millionen Dollar teuere, von Massachusetts finanzierte Marineexpedition versuchte während des Unabhängigkeitskrieges, Castine den Briten mit einer Flotte von 44 Schiffen zu entreißen. Alle Schiffe wurden versenkt, und die Überlebenden schlugen sich zu Fuß in ihre Heimat Massachusetts durch. Castine am Ostufer der Bucht zeugt noch heute mit drei Forts davon, daß hier Franzosen, Niederländer, Briten und Amerikaner lange um die Vorherrschaft stritten.
In der Abgeschiedenheit des Nordostens hört man heute noch Französisch. Und das in »Downeast« gesprochene Englisch

Hölzerner Pier am Old Orchard Beach

Jenseits des Piscataqua River beginnt Maine. Hier, im Süden des größten Staates von Neuengland, liegen einige kleine Orte, die einstmals von Handel und Fischfang lebten, sich inzwischen aber ganz und gar auf den Sommertourismus eingestellt haben. York, nach Kittery die zweitälteste Siedlung in Maine, konnte sich seinen kolonialen Charme erhalten. Über 50 Gebäude aus dem 17. und 18. Jahrhundert wurden vor dem Abriß bewahrt. Ogunquit, ein paar Kilometer weiter nördlich, hat einen der schönsten Sandstrände nördlich von Cape Cod zu bieten. Das kompakte Kennebunkport wurde als Sommerfrische des amerikanischen Ex-Präsidenten George Bush bekannt.

Im grünen Hinterland von Old Orchard Beach

Zugbrücke über die versteckte Hafenbucht Perkins Cove in Ogunquit

Stelzenhäuser im populären Badeort Kennebunkport (unten)

Alles für den Hummerfang: Bojen und Reusen in Kennebunkport (unten)

Eine von 35 spektakulären Villen: Wedding Cake House in Kennebunk

hört sich gelegentlich vertraut britisch an, vielleicht auch deshalb, weil die Briten im amerikanisch-britischen Krieg von 1812 noch einmal große Teile von Maine besetzten, unter anderem Castine.
Bis etwa 1760 profitierten die Indianer von den Rivalitäten des weißen Mannes. Es gelang ihnen, die Siedler aus der Alten Welt bis auf einen schmalen Küstenstreifen zurückzudrängen. So kam es, daß sich zur Zeit des Unabhängigkeitskrieges nur 20000 Siedler in Maine niedergelassen hatten, die vor allem von Fischfang und Schiffbau lebten.
Schon 1607 war im heutigen Bath das erste von Europäern in Amerika gebaute Schiff vom Stapel gelaufen. Mit diesem Boot, der »Virginia«, verließen die Pioniere jedoch wieder ihre neue Heimat, ausgelaugt von einem langen, harten Winter und demoralisiert von der vergeblichen Suche nach Bodenschätzen.

Erinnerungen an eine große Schiffsbaugeschichte

Doch der Reichtum an gerade gewachsenen, hohen Nadelbäumen ließ Maine neben New Hampshire zu einem der Hauptlieferanten für Schiffsmasten werden. Schließlich blühte der heimische Schiffsbau auf. Nirgendwo in den USA wurden mehr hochseetaugliche Segelschiffe gebaut als in Bath, Portland, Kennebunkport, Waldoboro, Searsport und den anderen Häfen des Landes. In Maine liefen auch die größten jemals gebauten Segelschiffe mit fünf oder sechs Masten vom Stapel.
Doch die segelnden Giganten waren ein letzter Versuch, gegenüber turbinengetriebenen Schiffen konkurrenzfähig zu bleiben. Die im Hafen von Wiscasset vor sich hinrottenden Rümpfe der vermutlich zwei letzten, 1917 und 1918 in Neuengland gebauten Viermaster bilden die Endpunkte dieses ungleichen Rennens. An die glorreiche Schiffsbaugeschichte erinnern in Bath eine Marinewerft und ein exzellentes Maritimmuseum auf einem alten Werftgelände.
Maine lebt von Holz und Fischfang, doch das wichtigste Markenzeichen des Landes ist der Hummer. Die Hummer von Maine sind berühmt für ihre Größe und ihren Geschmack. Viele Andenkenjäger suchen eine der selten gewordenen Holzfallen, mit denen die Tiere gefangen werden. Inzwischen gibt es an der buchtenreichen Küste immer weniger von

1827 entstand der kleine Leuchtturm am Pemaquid Point

Blick vom Mount Battie auf Camden und die Penobscot Bay

Das Segelschiffmekka und Verlagszentrum Camden ist der schönste Ort an der vielbesuchten westlichen Penobscot Bay. Im Sommer wird der Ort deshalb von Touristen überschwemmt. Viele kommen wegen der prächtigen Villen aus Camdens »goldenem Zeitalter«, den Jahren um 1830. Die größte Attraktion sind jedoch die Windjammer, die in der warmen Jahreszeit dort häufig im Hafen liegen.

Segeltörn auf der Penobscot Bay

den wohlschmeckenden Speisekrebsen. Deshalb ist Maine auch führend in der Hummerzucht. Die Zuchtstationen geben Einblicke in den interessanten Lebenszyklus dieses teilweise kannibalistischen und in Ausnahmefällen bis zu 17 Kilogramm schweren Krebses.
Das zweite inoffizielle Wahrzeichen von Maine sind seine 63 Leuchttürme. Sie sind jedoch nicht nur fotogen, sondern spielen auch heute noch für die Schifffahrt eine wichtige Rolle. Denn die felsige Schärenlandschaft Maines ist reich an Buchten, Inseln und Eilanden, vor allem aber gibt es zahllose Untiefen an der 5500 Kilometer langen Küste.
Berge, Seen, Hochebenen, weite Täler und zerklüftete Küsten – Maine ist ausgesprochen abwechslungsreich. Das Inland mit seinen über 2000 von der letzten Eiszeit zurückgelassenen Seen ist ein Paradies für Wanderer, Skifreunde, Wassersportler, Angler, Abenteurer und Naturfreunde, die die Weite und Einsamkeit der Wälder nicht schreckt. Ein Zentrum des Inlands-Tourismus sind der etwa 60 Kilometer lange Moosehead Lake, der größte See in Maine, sowie die Flüsse und Seen in seiner Nachbarschaft.

Natur pur im Baxter State Park

Östlich des Moosehead Lake liegt der bei Bergwanderern beliebte und landschaftlich besonders schöne Baxter State Park. Rund 300 Kilometer Wanderpfade führen durch eine unberührte Wildnis – mit kristallklaren Flüssen und Seen, Elchen, Kojoten, Schwarzbaren und mindestens 175 Vogelarten.
Gouverneur Baxter begann um 1930, hier Land zu erwerben, das er dann dem Staat mit der Auflage vermachte, es unter Naturschutz zu stellen. Heute umfaßt der etwa 800 Quadratkilometer große Park neben dem Mount Katahdin, der in der indianischen Mythologie eine bedeutsame Rolle spielt, etwa 40 weitere Berge und Höhenzüge.
Die Küste gliedert sich in zwei Abschnitte. Die Südküste zwischen Kittery und Portland erlebt jährlich eine kurze, heftige Sommersaison. Weil hier auch sonnenhungrige Frankokanadier in Scharen einfallen, wird dieser Küstenstreifen Quebec Riviera genannt. So sind aus ehemaligen territorialen Rivalen zahlungskräftige Nachbarn geworden, mit denen man sich mehr oder weniger gerne den Strand teilt.

Vielbesucht ist der Yachthafen von Camden, das seit 1830 Ziel reicher Sommerfrischler ist

Im Hafen von Boothbay Harbor

Camden: »Whitehall Inn«, eine alte Kapitänsvilla

Obwohl der Tourismus an der Südküste Schiffsbau, Fischfang und Holzverarbeitung als Haupteinnahmequelle verdrängt hat, haben Ortschaften wie York, Ogunquit und Kennebunkport ihren historischen Charakter bewahren können. Den »schönen Platz am Meer« – so die Bedeutung des indianischen Namens Ogunquit – wußten auch viele Künstler zu schätzen, die sich hier niederließen, und auch Homosexuelle, die den Ort mit seinen langen, weißen Sandstränden zu ihrem nördlichen Sommertreff erkoren.
Portland konnte sich dank der geschützten Lage in der Casco Bay seit der Gründung 1623 zu einem bedeutenden Atlantikhafen entwickeln, obwohl die Stadt einmal durch die Briten geschleift und ein zweites Mal durch eine Feuersbrunst zu einem Drittel in Schutt und Asche gelegt wurde. Bevor die Briten während des Unabhängigkeitskrieges den Ort angriffen, war die Stadt das Zentrum des »Schiffsmastenexportes« an die englische Flotte. Die ansehnliche, mit kostbarem Interieur ausgestattete Villa des königlichen »Mastagenten« George Tate ist noch heute zu besichtigen.

Portland: lebendige, sorgfältig restaurierte Hafenstadt

1786 benannte sich das damalige Falmouth in Portland um und wurde 1831 Hauptstadt des neugegründeten Staates. Als der Europa nächstgelegene amerikanische Tiefseehafen mauserte sich Portland im 19. Jahrhundert zu einem der fünf größten amerikanischen Häfen, der auch durch seine Schwerindustrie ein Magnet für europäische Einwanderer wurde.
Portland, das sich schon zu puritanischen Gründerzeiten kulturell liberal gab und mit Henry Wadsworth Longfellow einen literarischen Lokalpatrioten von nationalem Rang besaß, besticht nach wie vor durch kulturelle Quirligkeit und eine behutsam ausgeführte Stadtsanierung. Sie setzt die historisch vielseitige Bausubstanz in Szene, wovon insbesondere das alte Hafenviertel Old Port Exchange mit seinen roten wuchtigen Lager- und Fabrikhallen und viktorianischen Häusern profitiert.
Östlich von Portland ändert sich die Landschaft schlagartig. Hier beginnt die zerklüftete und buchtenreiche Küste mit ihren manchmal nicht enden wollenden Stichstraßen an die südlichen Endpunkte. Brunswick ist stolze Heimat des Elite-College Bowdoin College. Hier drückten

Der Acadia National Park bedeckt einen großen Teil von Mount Desert Island

Von Gletschern geschliffene Berge und seenreiche Täler prägen den Park

Maine besitzt den einzigen Nationalpark Neuenglands. Der Acadia National Park bedeckt neben Baker Island, Isle au Haut und der Schoodic Peninsula einen Großteil von Mount Desert Island: Bis zu 466 Meter hohe Berge, weite Wälder, wilde Brandung, Sandstrände und ruhige Seen charakterisieren diese Landschaft, die schon Mitte des 19. Jahrhunderts vermögende Städter zur Sommerzeit anzog.

In der Nähe des Thunder Hole liegt die kleine Sand Beach

Wanderer über den 33 Meter hohen Otter Cliffs

Vor etwa 20 000 Jahren entstand der zerklüftete Küstensaum von Mount Desert Island

schriftstellerische Größen wie Nathaniel Hawthorne und sein Zeitgenosse Henry Wadsworth Longfellow die Schulbank. Weitab vom Geschehen in den Südstaaten schrieb hier Harriet Beecher Stowe ihren Bestseller »Onkel Toms Hütte«.
In den Buchten zwischen Portland und dem vielfotografierten östlichsten Punkt der USA, dem West Quoddy Lighthead, finden sich zahlreiche kleinstädtische und dörfliche Kleinodien. Zum Teil gänzlich vom Tourismus unberührte Fischereiorte wechseln sich ab mit erschlossenen, attraktiven Hafenstädtchen wie Camden,

Ranger im vielbesuchten Acadia National Park

wo sich ab 1830 zahlreiche Sommerfrischler prächtige Villen errichten ließen. Schon Entdecker Captain John Smith blieb der Ort »unter den hohen Bergen, gegen die die See brandet«, in Erinnerung. Er meinte die Camden Hills, von denen sich wunderbare Ausblicke auf die inselreiche Penobscot Bay bieten.

Reiche Sommergäste schufen den Acadia National Park

Einsamkeit sucht man – zumindest im Sommer und Herbst – im Acadia National Park vergeblich. 1604 ging der französische Entdecker Samuel de Champlain hier an Land. Angesichts der kahlen Bergkuppen um den 466 Meter hohen Cadillac Mountain nannte er die Insel »L´ île des monts déserts«, die »Insel der kahlen Berge«. Daraus wurde Mount Desert Island, als die Engländer den Franzosen 1760 die Insel abrangen.
Wie eine Hummerschere ragt die von Seen übersäte, gebirgige Insel in den Atlantik. Mitte des 19. Jahrhunderts ent-

deckten wohlhabende Familien Mount Desert neu. In Bar Harbor bauten die Vanderbilts, Rockefellers, Astors und viele andere Wohlhabende prächtige Sommervillen. Doch 1947 wurde fast alles bei einem Waldbrand vernichtet. Bar Harbors Ära als Sommerfrische der Millionäre war damit zu Ende.
Doch bis dahin hatten die reichen Sommergäste – allen voran John D. Rockefeller jr. – ihr größtes Werk vollendet: Um die Ursprünglichkeit der Insel genießen zu können, hatten sie große Teile aufgekauft und der Bundesregierung gestiftet. 1919 wurde das Gebiet zum Nationalpark erklärt, dem ersten östlich des Mississippi.
John D. Rockefeller jr. hat dem Park nicht nur 4500 Hektar Land geschenkt. In weiser Voraussicht ließ er ab 1917 ein 90 Kilometer langes Netz von Kieswegen für Pferdekutschen anlegen. Der Milliardär war der Überzeugung, daß Automobile die Ruhe auf der Insel stören würden. Die Wege sind zwar immer noch für Pkw gesperrt, aber mit der Ruhe ist es vorbei: Alljährlich drängeln sich in dem nur 142 Quadratkilometer großen Nationalpark 4,2 Millionen Besucher.

Park Loop Road: Panoramastraße durch das Herz des Nationalparks

Maler wie Thomas Cole und Frederic Church kamen im 19. Jahrhundert hierher, um den herben Charme dieser Landschaft auf Leinwand zu bannen. Hier treffen Meer und Berge mit elementarer Kraft aufeinander. Es entstand eine rauhe Küstenlandschaft, die nur noch mit der nördlichen Pazifikküste vergleichbar ist.
Herzstück des Parks ist die Osthälfte von Mount Desert Island. Die landschaftlichen Höhepunkte faßt die Park Loop Road zusammen. Sie führt zum sprichwörtlichen Höhepunkt, dem Mount Cadillac mit seiner grandiosen Rundsicht auf den zerklüfteten Küstensaum. Auf seine Spitze fallen die ersten Sonnenstrahlen im Land. Wer dieses Schauspiel erlebt hat, kann Mitglied im »Sunrise from Mount Cadillac Mountain Club« werden.
Auf dem zwei Kilometer langen Ocean Trail vom Sand Beach bis zum Otter Point treffen das Rot der Granitküste und das Blau des Atlantiks am schönsten aufeinander. Im Thunder Hole wird die Kraft des Meeres ohrenbetäubend spürbar, mit der es die »Granitskulpturen« am Ocean Trail über Jahrtausende »meißelte«.

Bar Harbor ist das touristische Zentrum von Mount Desert Island

Bass Harbor Lighthouse

In Somesville suchten einst Künstler Inspiration

Bei Northeast Harbor auf Mount Desert Island

REISE-INFO
MAINE

Südküste

Karte: Seite 112/113, Planquadrat F 4.
Anreise: Auto: Die I-95 (gebührenpflichtig) ist die schnellste Verbindung von Boston, Rt. 1 die schönere. Bus: »Vermont Transit« (Tel. 800/451-3292) und »Concord Trailways« (Tel. 207/828-1151) verbinden Boston mit Portland und Bangor.
Unterkunft: Ogunquit besitzt entlang der Rt. 1 zahlreiche Motels, kleinere Inns befinden sich an der Shore Road. Kennebunkport: »White Barn Inn« (Beach St., Tel. 207/967-2321). Portland: »Portland Regency Hotel« (20 Milk St., Tel. 207/774-4200, Fax 207/775-2150): zentral gelegen.
Sehenswürdigkeiten: Das Brick Store Museum in Kennebunk gibt Einblicke in die Lokalgeschichte, die vom Schiffsbau und Fischfang dominiert wurde (117 Main St., Tel. 207/985-4802; Di–Sa 10 bis 16.30 Uhr). Das Portland Museum of Art, das älteste und größte öffentliche Museum des Landes, besitzt eine schöne Kollektion amerikanischer Maler wie Winslow Homer, Andrew Wyeth und Edward Hopper (7 Congress Sq., Tel. 207/775-6148; Di–Sa 10–17, Do 17–21, So 12–17 Uhr). Das Wadsworth Longfellow House von 1785 ist das erste Backsteinhaus Portlands. Es zeigt originale Einrichtungsgegenstände (485 Congress St., Tel. 207/879-0427; im Sommer Di–So 10–16 Uhr).
Ausflüge: Ein vielfotografiertes Motiv ist das über hundert Jahre alte Nubble Lighthouse auf Cape Neddick (York Harbor, Rt. Alt 1). Historisch und schön gelegen ist auch das Portland Headlight, von George Washington beauftragt und 1791 als erster Leuchtturm der USA fertiggestellt. Von Ogunquit kann man 1,5 km an der Küste über den Marginal Way nach Perkins Cove wandern, einer kleinen Siedlung mit Zugbrücke. Old Orchard Beach ist ein Badeort mit dem musealen Flair der vierziger Jahre.
Einkaufen: Kittery besitzt mit etwa 200 Geschäften eine der größten Outlet Malls in Neuengland (Rt. 1). Im alten Hafenviertel Old Port Exchange in Portland, das nach einem Feuer 1866 wiederaufgebaut wurde, gibt es zahlreiche kleine Geschäfte, Galerien und Boutiquen.
Restaurants: Ogunquit: »Barnacle Billy's« (Shore Rd., Perkins Cove, Tel. 207/646-5575). Kennebunkport: »White Barn Inn«: Spitzenrestaurant (s. »Unterkunft«). Portland: »Back Bay Grill« (65 Portland St., Tel. 207/772-8833); »Street & Co.« (33 Wharf St., Tel. 207/775-0887).

Information: Ogunquit Chamber of Commerce (Tel. 207/646-5533); Kennebunk Chamber of Commerce (173 Port Rd., Tel. 207/967-0857); Convention & Visitors Bureau of Greater Portland (305 Commercial St., Tel. 207/772-5800).

Nordküste

Karte: Seite 112/113, Planquadrat F 5/6.
Anreise: Auto: von Boston die I-95 (gebührenpflichtig), ab Brunswick die Rt. 1; Bus: s. o. »Südküste«.
Unterkunft: Boothbay Harbor: »Topside« (McKown Hill, Tel. 207/633-5404): schöne Aussicht auf den Ort. Camden: »Camden Harbour Inn« (83 Bay View St., Tel. 207/236-4200): Luxus-Inn mit Seeblick. Rund um Bar Harbor gibt es zahlreiche Unterkünfte. Viele schöne Inns finden sich in der Mount Desert St.
Sehenswürdigkeiten: Nördlich von Portland liegt das ***Sabbathday Lake*** Shaker Museum in der letzten noch aktiven Gemeinde dieser Religionsgemeinschaft in den USA. Auch der Ort kann besichtigt werden (Mo–Sa; Museum: Rt. 26, 36 km nördlich von Portland; Mai–Okt. Mo bis Sa 10–16.30 Uhr). Das 1802 eröffnete Bowdoin College in ***Brunswick*** ist ein sehenswertes Ensemble aus Parkanlagen und historischen Gebäuden (Führungen von Chamberlain Hall, Tel. 207/725-3000). Das Maine Maritime Museum and Shipyard in ***Bath*** liegt idyllisch am Ufer des Kennebec River auf dem Gelände einer ehemaligen Werft. Hier werden noch Holzschiffe gebaut (Bath: 243 Washington St., Tel. 207/443-1316; tgl. 9.30–17 Uhr). Die Südspitze ***Pemaquid Point*** besitzt nicht nur einen besonders zum Sonnenuntergang fotogenen Leuchtturm. Wenige Meilen nördlich befindet sich die Colonial Pemaquid Restoration, wo nach Ausgrabungen das alte Fort William Henry, Grundrisse einer kolonialen Siedlung sowie Alltagsgegenstände der indianischen und kolonialen Bevölkerung freigelegt wurden (Rt. 130, Tel. 207/677-2423; Ende Mai–Anfang Sept. tgl. 9.30 bis 17 Uhr). An die Schiffsbau- und Seefahrtstradition von Maine erinnert das Penobscot Marine Museum in ***Searsport*** (Church St., Tel. 207/548-2529; Juni bis Mitte Okt. Mo–Sa 10–17, So 12–17 Uhr). ***Fort Knox*** ist eine massive Granitfestung an der strategisch wichtigen Mündung des Penobscot River, die zur Zeit der Grenzkonflikte mit Kanada errichtet wurde (Rt. 174, Tel. 207/469-7719). ***Castine*** besitzt gleich Überreste dreier Forts: das französische Fort Pentagoet, das britische Fort George und das amerikanische Fort Madison. In ***Bar Harbor*** sind noch einige der Luxusvillen, die das Großfeuer von 1947 überstanden haben, zu sehen. Das Mount Desert Oceanarium besitzt drei Stationen auf Mount Desert Island. Besonders interessant ist die Hummerzuchtstation im Hafen von Bar Harbor (1 Bar Harbor Place, Tel. 207/288-2334; Ende Mai–Ende Okt. Mo–Sa 9–17 Uhr).

Am Pier von Old Orchard Beach

Ausflüge: Zu den schönsten Inseln Maines gehört ***Monhegan Island***. Die im Sommer vielbesuchte Insel wird von Port Clyde und Boothbay Harbor angefahren (4 Std. Aufenthalt). Unterkünfte müssen gebucht werden (Reederei: Tel. 207/633-2284). Der Camden Hills State Park wenige Kilometer nördlich von Camden gewährt von der mit dem Auto erreichbaren Spitze des 300 m hohen Mount Battie einen großartigen Blick auf Camden und die Penobscot Bay. In ***Camden*** selbst lädt die Segelschiffflotte im Sommer zu kurzen oder mehrtägigen Ausflügen in die Penobscot Bay und auf offene See ein. Bei Kurztrips meldet man sich ohne Reservierung im Hafen, bei mehrtägigen Touren z. B. bei »Maine Windjammer Cruises« (Tel. 207/236-4449).
Einkaufen: Freeport ist ein weiteres Mekka für Fans von Factory Outlets. Herzstück der 70 Geschäfte ist L. L. Bean, das 1912 gegründete erste Versandhaus der USA, das sich auf Freizeit- und Sportbekleidung spezialisiert hat.
Restaurants: Boothbay Harbor: »Andrew's Harborside« (Harbor, Tel. 207/633-4074): klassische Fisch- und Meeresfrüchte-Küche mit schönem Hafenblick.

1844 entstand an der Mündung des Penobscot River bei Castine die Granitfestung Fort Knox

Camden: »Waterfront Restaurant« (Bay View St., Tel. 207/236-37 47): Hafenblick. Bar Harbor: »George's (7 Stephen's Lane, Tel. 207/288-45 05).

Information: Boothbay Harbor Region Chamber of Commerce (Box 356, Boothbay Harbor, Tel. 207/633-23 53); Rockport-Camden Chamber of Commerce (Camden: Public Landing, Tel. 207/236-44 04); Castine Town Office (Emerson Hall, Court St., Tel. 207/326-45 02); Bar Harbor Chamber of Commerce (93 Cottage St., Tel. 207/288-33 93).

Acadia National Park

Karte: Seite 112/113, Planquadrat E 6.
Der Nationalpark erschließt sich am besten über das Besucherzentrum Hulls Cove, das ausführliches Karten- und Informationsmaterial besitzt (Rt. 3, nördlich von Bar Harbor, tgl. Mitte April–Okt.; Information ganzjährig in Bar Harbor: Tel. 207/288-33 38).

Unterkunft: Im Park selbst gibt es nur zwei Campingplätze: Blackwoods (Rt. 3 bei Bar Harbor) und Seawall (Rt. 102 A bei Southwest Harbor). Weitere Unterkünfte in der Umgebung (z. B. Bar Harbor).

Sehenswürdigkeiten: Die 42 km lange Park Loop Road führt zu allen Sehenswürdigkeiten des Parks. Höhepunkte sind die wild zerklüftete Südküste und der leicht begehbare und aussichtenreiche Ocean Trail sowie die Fahrt auf den Cadillac Mountain (466 m). Auch ohne Auto läßt sich der Nationalpark auf eigene Faust über Wanderwege oder mit Hilfe von Rangern erschließen.
Das Abbe Museum im Park ist eine Privatsammlung des New Yorker Chirurgen Robert Abbe, der insbesondere Artefakte der hier ansässigen Passamaquoddy-und Penobscot-Indianer sammelte (erreichbar über Rt. 3).

Restaurant: »Jordan Pond House« (Park Loop Rd., Acadia N. P., Tel. 207/276-33 16): sehr stimmungsvolle Umgebung, Reservierung erforderlich.

Moosehead Lake

Karte: Seite 112/113, Planquadrat C 5.

Anreise: Auto: Von Süden über die I-95 und Rt. 201. Die meisten Straßen sind Privatstraßen, dürfen jedoch von Touristen benutzt werden. Die schweren Holztransporter haben stets Vorfahrt!

Unterkunft: Greenville: »Greenville Inn« (Norris St., Tel./Fax 207/695-22 06): Villa mit Seeblick und gutem Restaurant. Rockwood: »The Birches Resort« (P. O. Box 339-I, Tel. 207/534-73 05): Cottages.

Sehenswürdigkeiten: Das Moosehead Marine Museum informiert über die lokale Holzindustrie. Das Museum bietet mit dem 1914 gebauten Dampfer »Katahdin« Rundfahrten auf Moosehead Lake an (Greenville: Moosehead Marine Museum, Main St., Tel. 207/695-27 16). Der Baxter State Park besitzt neben dem höchsten Berg von Maine, dem Mount Katahdin, viele Berge, die über ein 250 km umfassendes Wanderwegnetz bezwungen werden können. Insbesondere im Sommer, wenn die Tageswanderung auf die Spitze des Mount Katahdin zum Massensport wird, bieten sich andere Erhebungen wie zum Beispiel South Turner als Alternative an (Baxter State Park Authority, Millinocket: 64 Balsam Dr., Tel. 207/723-51 40).

Ausflüge: Nicht nur für Familien, Angler und Wanderer ist diese Region ein Paradies, auch für Wassersportler. Der Ripogenus Dam, eine Wildwasserschlucht eines Armes des Penobscot River, und der 150 km lange Seen- und Flußkorridor Allagash Wilderness Waterway sind ideale Kanu- und Floßstrecken unterschiedlicher Schwierigkeitsgrade. Anbieter von Ausrüstung sowie Kanu- und Floßtouren sind z. B.: »Allagash Canoe Trips« (Greenville, Tel. 207/695-36 68) oder »Allagash Wilderness Outfitters« (Greenville, Tel. 207/695-28 21).

Elche: Inzwischen gibt es in Maine wieder recht viele dieser scheuen und friedlichen Tiere, die bis zu 2 m Schulterhöhe erreichen. Am besten »lauert« man ihnen auf an den ausgewiesenen »Moose Watching Sites«, die jedoch zumeist tief im Inland liegen (z. B. Rt. 16 zwischen Rangeley und Stratton, Rt. 4 von Rangeley nach Phillips, Rt. 201 bei Lake Parlin).

Information: Moosehead Lake Region Chamber of Commerce (Greenville: Rt. 6 und 15, Tel. 207/695-27 02); Katahdin Area Chamber of Commerce (Millinocket: 1029 Central St., Tel. 207/723-44 43).

Ein Teil des Maine Maritime Museum in Bath ist der Hummer-Fischerei gewidmet

Bootsanleger in Tenants Harbor auf der St. George Peninsula

Kennebunk zieren zahlreiche prächtige Häuser aus dem 19. Jahrhundert

Herbstliches Kürbisarrangement in Camden

Blick vom 466 Meter hohen Cadillac Mountain im Acadia National Park

In Maine, dem nördlichsten und größten der sechs Neuengland-Staaten, ist schon etwas zu spüren von der Weite und Einsamkeit Kanadas. Obgleich das Land größer ist als Bayern, hat es kaum mehr Einwohner als München. Weite Teile sind dicht bewaldet, überwiegend mit der White-Pine-Kiefer. Das hat Maine den offiziellen Beinamen »Pine Tree State« eingebracht.

Parklandschaft bei Northeast Harbor

3435 Kilometer Trekking-Abenteuer

Appalachian Trail

Pat und Keith Shaw aus Monson, Maine, sind ein Geheimtip. Viele Jahre betrieben sie eine ganz gewöhnliche Pension südlich des Moosehead Lake in Maine. Dann, vor 19 Jahren, holte sich Keith den ersten hungrigen »Thru-Hiker«, wie Langstreckenwanderer in den USA heißen, vom nahegelegenen Appalachian Trail und bot ihm Unterkunft samt Frühstück an. Inzwischen haben die beiden, dank der Mundpropaganda unter den »Thru-Hikern« des Appalachian Trail, viele tausend Gäste beherbergt.

Meist sind es Studenten, häufig Pensionäre, seltener Berufstätige, die ein Sabbatical eingelegt haben, oft an einem Scheidepunkt in ihrem Leben, und sich zwischen zwei und sechs Monaten Auszeit gönnen, um Teile oder den ganzen Appalachian Trail in einem »Rutsch« zu bezwingen. Die meisten fangen Mitte April in Georgia an und arbeiten sich bis September bis zum Endpunkt in Maine vor. Etwa 1000 Menschen machen sich jedes Jahr auf den Weg, nur 100 schaffen diese ultimative konditionelle Herausforderung.

Wenn sie bei Pat und Keith Shaw auftauchen, haben viele »Thru-Hiker« den längsten Teil der Strecke bezwungen, ergötzen sich am warmen Bett, einer Dusche und dem reichhaltigen Frühstück. Manche sehen der Rückkehr in die Zivilisation und dem Ende der Wanderung mit gemischten Gefühlen entgegen. Denn dann beginnt für die Dauermarschierer wieder der Alltag.

1925 taten sich verschiedene Wanderklubs zur gemeinnützigen Appalachian Trail Conference (ATC) zusammen. Im August 1937 war es dann soweit: Der damals längste Wanderweg Amerikas war durchgängig markiert und begehbar, zur Hälfte noch auf Privatgrundstücken.

Schwerbepackt geht es auf dem Appalachian Trail durch die White Mountains von New Hampshire

Den Traum von einem »Super-Trail« von Nord nach Süd hegten Wanderfreunde schon Anfang des 20. Jahrhunderts. Dieser Wanderweg sollte den Höhenkämmen und Tälern des 2600 Kilometer langen Mittelgebirgsmassivs der Appalachen von Maine bis Georgia folgen. 1921 trieb der Regionalplaner Benton MacKaye aus Massachusetts die Idee eines Appalachian Trail voran. Seine Vision war, die Höhenzüge der Appalachen als bewanderbaren Naturschutzraum zu erhalten, um der dichtbevölkerten Ostküste einen natürlichen Erholungsraum zu bieten. Immerhin leben heute rund zwei Drittel der Amerikaner in einem Umkreis von 900 Kilometern um die Appalachen.

1968 schließlich erklärte der National Trail Systems Act den Appalachian Trail zu einem durchgängigen Park, bewilligte Mittel, um Ländereien für den Trail zu kaufen, und schützte ihn vor kommerziellen Landnutzungen.

Über 3435 Kilometer zieht sich die Wanderroute durch einen der ältesten Gebirgszüge der Welt und verbindet verschiedene Nationalparks und Nationalsowie diverse Staatsforste miteinander. Die Endpunkte des Trails im kühlen Maine und im feuchtwarmen Georgia befinden sich auf zwei markanten Bergen: In Maine ist es der Mount Katahdin (1606 m), in Georgia der Springer Mountain (1135 m).

Etwa ein Viertel der Strecke des Trails liegt in Neuengland. Außer Rhode Island werden alle Staaten durchquert. Jeder Neuengland-Staat hat seine eigenen Trail-Höhepunkte: In Maine, wo der Trekking-Pfad einige der entlegensten Regionen der Gesamtstrecke berührt und deshalb für Tageswanderer nur äußerst mühsam zugänglich ist, gehört der Start-Endpunkt auf dem Mount Katahdin im Baxter State Park zu den Trail-Highlights (beeindruckender Rundum-Blick).

In New Hampshire durchquert der Trail den schroffen und steigungsreichen

Auf dem kahlen Mount Washington sind die Wanderer Wind und Wetter schutzlos ausgesetzt

Überquerung des Beaver Brook in den White Mountains

White Mountain National Forest. Mit ihren steilen Schluchten, baumfreien Hängen und sumpfigen Hochplateaus bietet diese Region die spektakulärsten Aussichten auf dem neuenglischen Abschnitt des Trails. Einer der Höhepunkte ist hier die Besteigung des extrem wetterlaunischen Mount Washington (1917 m).

Die gute Infrastruktur mit acht bewirtschafteten Hütten und zahlreichen Campingplätzen lockt Tageswanderer zuhauf in die White Mountains. Dort, in der Pinkham Notch, liegt auch das vielbesuchte Hauptquartier des nördlichen Trails, das Informationszentrum, Herberge und Verwaltungszentrum in einem ist. Weiter westlich, jenseits des geschützten Tals des Connecticut River, wo der Trail den Fluß nördlich der Universitätsstadt Hanover überquert, steigt der Trekking-Pfad die weniger rauhen Green Mountains von Vermont hinauf. Nach einem scharfen Südschwenk am Sherburne-Paß verläuft er über den panoramareichen Kamm der Green Mountains und erklimmt dabei reihenweise ihre bis auf 1300 Meter ansteigenden »peaks«.

In Massachusetts überquert der Appalachian Trail den letzten echten »peak«: den Mount Greylock (1065 m). Danach steigt er hinab in die dichter besiedelten und sanft geschwungenen Berkshires. In Connecticut windet sich der Pfad durch das liebliche Tal des Housatonic River, bevor er bei Kent die Grenze nach New York überquert. Zuvor macht er einen Abstecher auf den für seine Rundsicht bekannten Mohawk Mountain (560 m) in den waldreichen Litchfield Hills.

Der Trail ist in keiner Weise mit deutschen Wanderwegen vergleichbar. Er führt im wahrsten Sinne »über Stock und Stein« und besitzt gerade in den Nationalparks und -forsten keine eingeebneten Wege. Zwar sind die Markierungen so angebracht, das die nächste immer sichtbar sein soll, doch ein Kompaß sollte ebenso zur Grundausstattung gehören wie festes Schuhwerk, wetterfeste Kleidung, Trinkwasser und ausreichend Nahrung. Detaillierte Wanderkarten, Planungschecklisten, Listen mit Unterkünften und Wetterbedingungen sind bei den Wanderklubs erhältlich (s. »Information«).

Neben mangelnder Vorbereitung ist die körperliche Selbstüberschätzung eine weit größere Gefahr als Giftschlangen oder Schwarzbären, die den Trail gelegentlich kreuzen, aber Menschen unter normalen Umständen meiden. Doch wer beim Campen seine Lebensmittel nicht sicher aufbewahrt – etwa in einem Plastiksack in den Bäumen hängend –, darf sich über nächtliche Besuche der gefräßigen Bären nicht wundern.

Neben dem eigenen Zelt bieten Schutzhütten und bewirtschaftete Herbergen Unterschlupf für die Nacht. Offene Schutzhütten in unterschiedlicher Qualität trifft man etwa alle 10 bis 15 Meilen auf dem Trail an. Aber zur herbstlichen Hauptsaison können diese schnell belegt sein, denn wer zuerst kommt, schläft zuerst. Deshalb ist für einen mehrtägigen Ausflug ein kleines Zelt unabdingbar.

Insbesondere die Trail-Abschnitte durch den White Mountain und den Green Mountain National Forest sowie in Maine führen über lange Strecken durch unbewohntes Gebiet, so daß bei mehrtägigen Wanderungen für Verpflegung gesorgt werden muß. Clevere Hiker schicken vorab Verpflegungspakete postlagernd an die Postämter entlang der Strecke.

Unterkunft: Der Appalachian Mountain Club (AMC) betreibt neun Hütten, die meisten in New Hampshire, wo sie nur einen Tagesmarsch voneinander entfernt liegen: Carter Notch, Crawford Hostel, Galehead, Greenleaf, Lakes of the Clouds, Lonesome Lake, Madison Spring, Mizpah Spring, Zealand Falls. 62 $ pro Person und Nacht, geöffnet Juni–Sept., einige bis Mitte Okt.

Trail-Knigge in den Litchfield Hills

Information: Die wichtigsten Informationsquellen sind v. a. der AMC (AMC Pinkham Notch Visitor Center, Rt. 16, P. O. Box 298, Gorham 03581, Tel. 603/466-2721, Fax 603/466-2822; für Reservierungen: Tel. 603/466-2727. Boston: AMC Main Office, 5 Joy St., Boston, MA 02108, Tel. 617/523-0636, Fax 617/523-0722) sowie die Appalachian Trail Conference (ATC, Washington & Jackson St., P. O. Box 807, Harpers Ferry, WV 25425, Tel. 304/535-6331, Fax 304/535-2667).

Am Mount Washington, einem der Höhepunkte des Wanderwegs, gibt es eine Trail Information

Allgemeine Reise-Informationen

Neuengland, die nordöstlichste Region der USA, umfaßt die sechs Bundesstaaten Connecticut (CT), Maine (ME), Massachusetts (MA), New Hampshire (NH), Rhode Island (RI) und Vermont (VT). Die Region wird im Osten durch den Atlantik, im Süden durch den Long Island Sound, im Westen durch das Tal des Hudson River und im Norden durch die kanadische Grenze markiert.

Die Region liegt etwa zwischen dem 41. und dem 47. Breitengrad. Auf Europa übertragen hieße das eine Lage zwischen Neapel und Zürich. Die etwa 13 Millionen Menschen verteilen sich auf einer Fläche von 172 000 qkm. Dabei ist die Verteilung der Bevölkerung recht ungleich. Während die südlichen Neuengland-Staaten etwa 250 Einwohner je qkm zählen, bringen es die nördlichen auf durchschnittlich 50 je qkm.

Mit etwa 4 Millionen Einwohnern in seinem Einzugsgebiet ist Boston der größte Bevölkerungsmagnet und trägt dazu bei, daß 80 Prozent der Bevölkerung in den urbanen Ballungsgebieten des Südens wohnen. 89 Prozent der Bevölkerung sind weiß, den Rest bilden Schwarze, Hispanier, Asiaten und Indianer. Mit Ausnahme der Indianer nimmt die Zahl der Nichtweißen zu. Während der Protestantismus bis ins 19. Jh. dominant war, erfolgte im 19. Jh. eine überwiegend katholische Einwanderung aus Irland und Südosteuropa sowie im 20. Jh. aus Lateinamerika.

Das ländliche Neuengland täuscht manchmal darüber hinweg, daß nur noch 2 Prozent der Bevölkerung in der Landwirtschaft tätig sind. Neuenglands Haupteinnahmequellen waren der Fischfang, Schiffsbau, Überseehandel, die Textilindustrie, die Werkzeugherstellung und der Walfang. Heute hat sich Neuengland nach langer wirtschaftlicher Durststrecke zu einer Dienstleistungsregion gewandelt, die von der Elektronik-, Computer- und Rüstungsindustrie, von Finanzdienstleistungen, dem Bildungs- und Gesundheitswesen sowie dem Tourismus lebt.

Auf dem Mashpee Wampanoag Powwow

Adressen

Kostenpflichtige Informationen über Neuengland vermittelt Discover New England, Großweidenmühlstr. 1, 90419 Nürnberg, Tel. 0911/9 26 91 13, Fax: 0911/ 9 26 93 01. Prospekte (u. a. gute Travel Planers zu allen Staaten) erhalten Touristen entweder über die Reisebüros oder gegen eine Gebühr von 10 DM von Schotte Media Partners (USA-Infoservice, Postfach 4244, 40654 Meerbusch, Tel. 0180/5 31 35 31, Fax 0180/5 31 35 32).

In den USA: New England USA, P. O. Box 37, Marblehead, MA 01945, Tel. 617/631-76 54, Fax 617/631-74 77; Discover New England, Heritage Place, 205 Worcester Court, Falmouth, MA 02540, Tel. 508/540-81 69, Fax 508/540-81 95.

Staatliche Fremdenverkehrsbüros: **Connecticut:** Connecticut State Tourism Office, 865 Brook St., Rocky Hill, CT 06067, Tel. 203/258-43 00, Fax 203/258-42 75; **Maine:** Office of Tourism, 189 State St., Augusta, ME 04333, Tel. 207/289-57 10, Fax 207/287-57 01; **Massachusetts:** Office of Travel and Tourism, 100 Cambridge St., 13th Floor, Boston, MA 02202, Tel. 617/727-32 01, Fax 617/727-65 25; **New Hampshire:** Office of Travel and Tourism Development, P. O. Box 1856, Concord, NH 03302-1856, Tel. 603/271-26 65, Fax 603/271-26 29, Internet: www.visitnh.gov; **Rhode Island:** Tourism Division, 7 Jackson Walkway, Providence, RI 02903, Tel. 401/277-26 01, Fax 401/277-21 02; **Vermont:** Department of Travel and Tourism, 134 State St., Montpelier, VT 05602-9848, Tel. 802/828-32 36, Fax 802/828-32 33; Internet: VT.Chamber1Internet MCI.COM.

Anreise

Boston wird von Deutschland aus nonstop von Frankfurt angeflogen. Mit Zwischenstopps (z. B. London, Paris) ist die Anreise auch von jedem anderen deutschen Flughafen möglich. Als weitere Ausgangspunkte für eine Neuengland-Reise kommen New York und Montreal in Frage. Bostons internationaler Flughafen Logan Airport liegt zentral in Boston und ermöglicht per Bus, Taxi, Schiff oder U-Bahn den schnellen Transfer in die Stadt. Mietwagenagenturen bieten einen kostenfreien Shuttle-Dienst zwischen Ankunftsterminal und den Mietstationen.

REISEDATEN NEUENGLAND

Flug von Deutschland	Inlandsverkehr	Reisepapiere	Devisen	Mietwagen	Benzin	Hotel	Pension	Menü	Einfaches Essen	Ortszeit	»Lebendige« Vergangenheit
um 900 DM (nach Boston)	Greyhound Ameripass: 15 Tage 375 DM	Reisepaß, Visum nur bei Reisen über 90 Tagen erforderlich	1 US-$ = ca. 1,85 DM (Sept. 1997)	ab 320 DM pro Woche (unbegrenzte Kilometer)	1 gal. Super: ca. 1,80 $ (3,79 l)	ab 60 $ (DZ), Boston: ab 80 $ (DZ)	Bed and Breakfast ab 70 $ (DZ)	ab 13 $ pro Person (ohne Getränke)	ab 3 $ (Sandwiches, Burger)	MEZ –6 Std. Sommerzeit: April–Okt.	Old Sturbridge Village: 15 $; Plimoth Plantation: 18,50 $

Einkaufen

Mit Ausnahme größerer Städte findet das Einkaufen in Einkaufszentren statt, die verkehrsgünstig an Hauptstraßen und großen Kreuzungen liegen. Neuengland ist nicht denkbar ohne zwei Arten von Geschäften: Antiquitäten- und Trödelläden sowie Country Stores, alte Tante-Emma-Läden, die heute sowohl den alltäglichen Grundbedarf als auch den touristischen Sammeltrieb von Americana und Memorabilia aller Art befriedigen.
Als wahrer Publikumsmagnet haben sich Geschäfte erwiesen, die sich auf den Lagerverkauf von Markenwaren (Factory Outlet) spezialisiert haben. Größere Factory Outlets sind u.a. zu finden in Fall River (MA), North Conway (NH), Kittery oder Freeport (ME), Branford (CT), Clinton (CT) und Mystic (CT), Boston (Feline's Basement, The Gap Outlet, Levi's Store, The Eddie Bauer Outlet).

Einreise

Für die Einreise sind ein gültiger Reisepaß, der mindestens einschließlich des Ausreisedatums gültig ist, sowie ein nichtübertragbares Rückflugticket notwendig. Solange der Aufenthalt nicht länger als 90 Tage dauert, ist kein Visum erforderlich. Während des Fluges wird das Einreiseformular I-94W verteilt, das ausgefüllt der Zollkontrolle am Flughafen vorgelegt werden muß.
Die Mitnahme von Lebensmitteln (außer in Konserven), Pflanzen sowie Fleischerzeugnissen ist nicht erlaubt, um das Einschleppen von Seuchen zu vermeiden. Die Einfuhr von Waffen sowie Drogen und Rauschmitteln ist ebenfalls verboten (entsprechende Medikamente erfordern ein ärztliches Attest). Hunde benötigen einen Impfpaß und eine Tollwutimpfung, die bei Einreise nicht länger als 30 Tage zurückliegen darf.
Zollfrei importiert werden dürfen Gegenstände für den persönlichen Bedarf sowie 200 Zigaretten, 1 l Alkohol und Geschenke im Wert von 100 $.

Elektrizität

Die Netzspannung beträgt 110 Volt Wechselstrom. Elektrische Geräte müssen eine Spannungsumschaltung besitzen. Zusätzlich ist ein Adapter für die amerikanische Steckdosennorm notwendig (in Deutschland leichter zu bekommen).

Essen, Trinken

Die amerikanische Küche ist variantenreich und attraktiv, solange man sich von den Schnellimbißketten fernhält. Das opulente und brotarme Frühstück ist für deutsche Gaumen gewöhnungsbedürftig. Richtig amerikanisch frühstückt man am besten in einem Diner oder Coffee Shop.
Die traditionelle neuenglische Küche hat das Nahrungsangebot des Atlantiks mit den indianischen und angelsächsischen Traditionen zu einer reichhaltigen Küche verschmolzen. Die Clam Chowder ist eine sämige Suppe aus Muscheln, Kartoffeln und Milch. Mies-, Kamm- und Venusmuscheln sowie Hummer und Fisch in allen denkbaren Varianten sind die Gaben des Atlantiks. Sie müssen nicht nur im teuren Restaurant munden. Oft schmeckt es gerade in den einfacheren Restaurants am herzhaftesten.
Fisch, allen voran Kabeljau sowie Dorsch, und Hummer gibt es gebraten, gedünstet und gegrillt. Clambake ist eine indianische Spezialität, bei der eine Mischung aus Muscheln, Mais und Kartoffeln über dem Holzkohlengrill gegart wird. Wenn es authentisch sein soll, gehört eine Schicht meerwassergetränkter Algen darüber. Das Festland »serviert« Fasane, Forellen, Kürbisgemüse, Indian Pudding, Blaubeer- und Preiselbeerkuchen. Hinzu kommen die kulinarischen Angebote unter dem Sammelbegriff »Ethnic Food«. Gemeint sind damit Restaurants, deren Speisekarte die Handschrift von Einwanderern trägt.
Die warme Hauptmahlzeit, das Dinner, wird abends eingenommen. Restaurants sind deshalb zwischen 18 und 20 Uhr sehr voll. Mittags begnügen sich Amerikaner mit einem Imbiß, dem Lunch, der meist aus einem reichhaltig belegten Sandwich besteht. Unbedingt trinken sollte man im Herbst übrigens den »Apple Cider«, köstlicher, ungefilterter Apfelmost frisch aus der Presse. Er schmeckt heiß und kalt. Besser kalt trinkt man regionales Bier wie zum Beispiel das »Samuel Adams«. Diese Biere aus lokalen »Microbreweries« heben sich wohltuend vom lauen Geschmack der großen amerikanischen Marken ab.

Lobster gehören zu den kulinarischen Spezialitäten von Neuengland

Feiertage

Viele gesetzliche Feiertage sind beweglich auf einen Montag gelegt, um verlängerte Wochenenden zu ermöglichen. Manche Feiertage werden nur regional begangen. Geschlossen bleiben Museen, Banken, Postämter, öffentliche Einrichtungen, nicht jedoch alle Restaurants und Geschäfte.
Die wichtigsten sind: **Januar:** 1. Jan.: Neujahrstag; 3. Montag im Jan.: Geburtstag von Martin Luther King jr. **Februar:** 3. Montag im Feb.: Presidents Day; 12. Feb.: Abraham Lincolns Geburtstag (nur Vermont). **März:** 1. Dienstag im März: Town Meeting Day (nur Vermont). **April:** letzter Montag im April: Fast Day

(nur New Hampshire); nächster Montag zum 19. April: Patriot's Day (nur Massachusetts).

Mai: 4. Mai: Independence Day (nur Rhode Island); 20. Mai: Lafayette Day (nur Massachusetts); letzter Montag im Mai: Memorial Day (Heldengedenktag, Beginn der Hauptsaison). **Juli:** 4. Juli: Unabhängigkeitstag. **August:** 2. Montag im Aug.: Victory Day (nur Rhode Island); 16. Aug.: Bennington Battle Day (nur Vermont).

September: 1. Montag im Sept.: Labor Day (Ende Hauptsaison). **Oktober:** 2. Montag im Okt.: Columbus Day (großes Urlaubswochenende in Neuengland). **November:** 1. Dienstag nach dem 1. Montag im Nov. gerader Jahre: General Election Day; 11. Nov.: Veteran's Day (Tag der Kriegsveteranen); 4. Donnerstag im Nov.: Thanksgiving Day (Erntedank). **Dezember:** 25. Dez.: Christmas Day.

Geld

Banknoten gibt es in verschiedenen Dollarwerten: 1, 2, 5, 10, 20, 50, 100, 500 und 1000 $. Anders als in Deutschland sehen sie alle sehr ähnlich aus. Viele Münzen besitzen einen im Alltag gebräuchlichen Namen: 1 Cent (»Penny«), 5 Cents (»Nikkel«), 10 Cents (»Dime«), 25 Cents (»Quarter«), 50 Cents (»half Dollar«). Darüber hinaus gibt es auch 1-Dollar-Münzen.

Die Ein- und Ausfuhr amerikanischer Devisen ist unbeschränkt möglich, unterliegt aber bei Beträgen über 10 000 $ der Meldepflicht.

Nur wenige Banken in den USA tauschen europäische Devisen um. Empfehlenswert ist, sich vor der Reise mit einer kleineren Bargeldsumme in Dollar einzudecken.

Der Rest sollte über die wie Bargeld akzeptierten Dollar-Reiseschecks mitgenommen werden. Vorteil: Reiseschecks sind anders als Bargeld gegen Verlust gesichert. Wichtig: Reiseschecks sollten in unterschiedlicher Stückelung eingekauft werden, da für kleine Einkäufe gelegentlich keine »großen« Schecks akzeptiert werden. Das Restgeld wird in bar ausgezahlt. Euroschecks werden nicht akzeptiert.

Die Alternative ist eine Kreditkarte, die das wichtigste Zahlungsmittel in den USA ist. Der Besitz einer Kreditkarte ist deshalb empfehlenswert, weil sie bei Buchungen (v.a. Autos und telefonische Zimmerreservierung) als Sicherheit dient.

Gefährliche Strömungen und Dünen, bröckelnde Klippen: Zugang zum Strand von Longnook

Gesundheit

Medizinische Kosten werden nicht von deutschen Krankenkassen übernommen. Deshalb ist unbedingt der Abschluß einer Reisekrankenversicherung erforderlich. Die Angebote sind zwar günstig, sollten aber sorgfältig auf ihren Leistungsumfang hin geprüft werden. Die Police (oder besser eine englischsprachige Versicherungsbescheinigung) sollte ebenso wie eine Zweitbrille oder das aktuelle Brillenrezept mitgenommen werden.

Da die medizinische Versorgung in den USA zwar gut, aber teuer ist, sehen Ärzte und Krankenhäuser in den USA bei Ausländern aus Sicherheitsgründen gerne eine Sicherheit in bar oder per Kreditkarte. In der Regel werden Belege über gezahlte Sicherheiten und Endrechnungen dann dem Träger der Reisekostenversicherung zur Erstattung vorgelegt.

Vor der Reise ist ein Zahnarztbesuch und die Eindeckung mit notwendigen Medikamenten sinnvoll, da diese häufig nicht oder nur schwierig in den USA zu bekommen sind. Wichtig: für Arzneimittel, die Rauschmittel enthalten, eine ärztliche Bescheinigung ausstellen lassen. In den USA ausgestellte Rezepte sind nur im gleichen Bundesstaat gültig. Rezeptpflichtige Arzneien findet man in Pharmacies (Apotheken), nicht rezeptpflichtige Mittel gibt es in Drug Stores und Supermärkten. Pharmacies, Drug Stores, Practitioners (Ärzte), Hospitals und Dentists (Zahnärzte) findet man im Branchenverzeichnis (Yellow Pages) der lokalen Telefongesellschaft.

Bei Notfällen hilft die landesweit einheitliche Notrufnummer 911 oder der Telefon-Operator unter der Tel. 0 weiter.

Kinder, Eltern

Die USA sind ausgesprochen kinderfreundlich. Nicht nur viele Museen sind pädagogisch ausgezeichnet auf Kinder eingestellt, auch die serviceorientierte Tourismusbranche stellt sich gut auf Kinder ein. Bei Mietwagen können Kindersitze schon von Deutschland aus mitgebucht werden. Für Kinder unter 5 Jahren ist der Kindersitz in den USA Vorschrift. Häufig können Eltern in Hotels und Motels das Zimmer mit ihren Kindern ohne Preisaufschlag teilen, denn viele Zimmer sind standardmäßig mit zwei Doppelbetten ausgerüstet. Inns und Bed & Breakfast-Unterkünfte sind aufgrund kleinerer Zimmer und teils aufwendiger Einrichtung häufig nicht kindgerecht. Für Familien gibt es in vielen Sehenswürdigkeiten, Museen und anderen öffentlichen Einrichtungen Ermäßigungen.

Boston	Temp. max.	Temp. min.	Wassertemp.	Regentage	Sonnenstd.
Januar	3°	-5°	2°	9	5
Februar	3°	-5°	1°	7	6
März	7°	0°	3°	9	7
April	14°	5°	7°	9	8
Mai	20°	10°	12°	9	9
Juni	25°	15°	16°	8	10
Juli	28°	19°	18°	7	10
August	27°	18°	19°	8	9
September	23°	14°	17°	7	8
Oktober	17°	8°	13°	7	7
November	11°	4°	9°	9	5
Dezember	5°	-3°	4°	9	5

Quelle: Seewetteramt Hamburg

Klima, Kleidung

Neuenglands Temperaturen unterliegen jahreszeitlich großen Schwankungen. Die Sommer sind sehr warm, die Winter können lausig kalt sein. Regenperioden treten häufig im April sowie im Herbst auf, wenn Hurrikans von Süden die Küste hochwandern. Regenperioden sind in der Regel kurz und heftig, Schönwetterperioden stabiler als in Europa. Im Küstenbereich wirkt der Atlantik ausgleichend auf die Temperaturen, im Inland sorgen kontinentale Großwetterlagen für größere Temperaturextreme. Schwankungen erfolgen plötzlich, da es keine geographischen Wetterbarrieren gibt.
Die Kleidung sollte so gewählt sein, daß sie dem Urlaubszweck angemessen ist. Aufgrund der Temperaturschwankungen ist das »Zwiebelprinzip« sinnvoll, also kombinierbare Kleidung, die je nach Temperatur ergänzend an- oder abgelegt werden kann. Im Sommer ist dieses aufgrund der durch Klimaanlagen kühlen Innenräume sinnvoll, um eine Erkältung zu vermeiden. Dabei sollte bequeme und legere Kleidung den Vorrang haben. Da Neuengland viel Natur bietet, ist belastungsfähiges Schuhwerk unbedingt erforderlich. Wer wandern möchte, sollte Wert auf atmungsfähige Kleidung legen. Für viele gehobene Restaurants ist formelle Kleidung erforderlich.
Temperaturen werden in den USA meistens noch in Fahrenheit (°F) angegeben: 0 °F = –18 °C, 32 °F = 0 °C, 50 °F = 10 °C, 68 °F = 20 °C, 86 °F = 30 °C. Die Umrechnungsformel lautet: °Celsius = °Fahrenheit – 32 : 1,8.
Die Wettervorhersagen im Fernsehen sind meist sehr verläßlich und eine gute Grundlage für die Planung der nächsten zwei bis drei Reisetage.

Knigge

Allgemein: Amerikaner sind meist sehr kontaktfreudig, neugierig sowie hilfs- und auskunftsbereit. Mit einem »Hi, my name is...« ist man schnell in einem Gespräch, wobei man sich gewöhnlich mit dem Vornamen anredet, was nicht mit dem deutschen Duzen verwechselt werden darf. Auch wenn sie von Deutschen gelegentlich als oberflächlich empfunden werden, helfen die Höflichkeitsfloskeln, den Alltag reibungslos zu gestalten.
Alkohol: Die Alkoholgesetzgebung variiert von Bundesstaat zu Bundesstaat. Alkohol wird meist in staatlich lizensierten Liquor Stores (Spirituosengeschäften) und Restaurants und Bars ausgegeben. Konsumberechtigt sind ausschließlich Personen über 21 Jahren, die sich im Zweifelsfall ausweisen müssen.
Der Konsum von Alkohol im Auto und in der Öffentlichkeit wird in den meisten Bundesstaaten streng geahndet.
Kleidung: Sakko, Krawatte bzw. Kleid und entsprechende Schuhe werden für den Besuch gehobenerer Restaurants und Hotels sowie von Nachtklubs, Theatern und Empfängen erwartet. Ansonsten ist man in den USA legerer als in Europa.
Restaurants: Hier gilt meistens die Regel »Please wait to be seated«, was auch beherzigt werden sollte. Nach Erhalt der Rechnung wird an der Kasse gezahlt, das Trinkgeld jedoch am Tisch liegengelassen.
Trinkgeld: Bedienungsgelder sind dann nicht im Preis eingeschlossen, wenn auf der Rechnung nicht »gratuity« oder »service« separat ausgewiesen sind. Aufgrund der teilweise niedrigen Löhne sind Trinkgeldeinnahmen elementare Zusatzeinkünfte für das Servicepersonal und deshalb selbstverständlich.
Für Taxifahrer, Kellner und Friseure gilt als Faustregel 15–20 Prozent der Nettorechnungssumme (also ohne Steuern). Bei kürzeren Taxifahrten bis zu 5 $ gibt man 50 Cents. Gepäckträger erhalten 50 Cents bis 1 $ je Gepäckstück.
Zimmermädchen bei mehrtägigen Aufenthalten 1 $ je Nacht und Person. Bei Rundreisen darf der Busfahrer 1–2 $, die Reiseleitung 2–3 $ pro Tag und Person erwarten. An Tankstellen wird kein Trinkgeld erwartet.

Persönliche Atmosphäre und historisches Ambiente bieten die vielen Bed & Breakfast-Unterkünfte

Straßenverkehr: In den USA wird rücksichtsvoller und langsamer als in Europa gefahren. Fußgänger haben absoluten Vorrang.
Schulbusse dürfen bei angeschalteter Blinkanlage unter keinen Umständen überholt werden. Das Rechtsabbiegen bei roter Ampel ist in der Regel erlaubt. Rote Bordsteinkanten verweisen auf ein absolutes, gelbe auf ein beschränktes Halteverbot.
Geschwindigkeitsüberschreitungen werden unnachgiebig geahndet, einen Touristenbonus gibt es nicht. Wird man durch die Polizei angehalten, nicht aus dem Auto aussteigen und keine mißverständlichen Bewegungen machen, sondern dem Polizisten ermöglichen, durch das Seitenfenster mit dem Fahrer zu sprechen.

Konsulat

Deutsches Generalkonsulat, Boston, MA 02116, 3 Copley Place, Suite 500, Tel. 617/536-4414, Fax 617/536-8573.

Literatur

Neuengland hat viele Schriftsteller hervorgebracht, die sich in ihrem Werk mit der Region beschäftigt haben: John Irving ist ein zeitgenössischer Vertreter (»Das Hotel New Hampshire«, Diogenes, 1996; 10 DM). Nathaniel Hawthorne, Neuenglands bedeutendster Autor des 19. Jahrhunderts, setzte sich mit der Orthodoxie der puritanischen Gründergenerationen auseinander (»Der scharlachrote Buchstabe«, Aufbau Verlag, 1995; 14 DM). Henry David Thoreau ist bekannt als früher Vertreter von Technikkritik und zivilem Ungehorsam (»Walden oder Leben in den Wäldern«, Diogenes, o. J.; 16,80 DM). Herman Melville behandelt mit »Moby Dick« den Walfang (Heyne Tb).

James Fenimore Cooper (»Lederstrumpf«, Ensslin, o.J.; 30 DM), Noah Gordon (»Die Erben des Medicus«, Droemer, 1995; 44 DM), Arthur Miller (»Zeitkurven«, Fischer Verlag, 1989; 19,80 DM), Harriet Beecher Stowe (»Onkel Toms Hütte«, Ueberreuter, 1990; 14,80 DM), Mark Twain (»Huckleberry Finns Abenteuer«, Betz, 1995; 29,80 DM), John Updike (»Die Hexen von Eastwick«, Rowohlt, 1997; 12,80 DM) sind einige weitere Autoren, die Romane in oder über Neuengland verfaßten.

Fachliche Abhandlungen über Neuengland bieten: Neil R. Peirce (»The New England States, People, Politics, and Power in the Six New England States«, New York 1976) und Candace Floyd (»The History of New England«, New York 1990); Klassiker unter den literatur- und kulturgeschichtlichen Würdigungen Neuenglands sind Perry Miller (»The New England Mind«, Cambridge 1953) und Van Wyck Brooks (»The Flowering of New England«, 1936).

Maße, Gewichte

Neben dem metrischen System werden weiterhin die alten englischen Maße und Gewichte verwendet.

Längenmaße: 1 mile (mi) = 1,6 km; 1 yard (yd) = 0,91 m; 1 foot (ft) = 0,3 m; 1 inch (in) = 0,025 m.

Flüssigkeiten: 1 US gallon (gal) = 3,79 l; 1 US quart (qt) = 0,95 l; 1 US pint (pt) = 0,47 l; 1 fluid ounce (fl oz) = 29,57 ml.

Gewichte: 1 pount (lb) = 0,45 kg; 1 ounce (oz) = 0,028 kg.

Natur

Neuengland ist überzogen von State Parks, State Forests, National Forests und National Parks. Die Parks sind teilweise gebührenpflichtig und werden exzellent geführt. Ranger geben Auskunft über Wandermöglichkeiten, Wetterbedingungen, Unterkunftsmöglichkeiten, Verhaltensvorschriften und Gefahren. Zecken sind in Neuengland auf dem Vormarsch. Bären und Elche sind meist scheu, falsche Neugier wird jedoch selten honoriert.

Zwischen Ende September und Ende Oktober wird Neuengland von »Leaf Peepers« überschwemmt, Besuchern, die die grandiose Blattverfärbung (fall foliage) erleben möchten. Wie die Verfärbung selbst rollt diese Besucherwelle langsam von Nord nach Süd, dirigiert von den Telefonhotlines, die einzelne Bundesstaaten eingerichtet haben. In New York und Neuengland sind das die Nummern: Tel. 800/258-3608 oder Tel. 800/258-3609 (800/632-8038 und 800/227-MASS in Massachusetts).

Zwischen Mai und Oktober zeigen sich die Wale vor der Küste Neuenglands. Gute Ausgangsorte sind Cape Cod und Bar Harbor.

Öffnungszeiten

In den USA gibt es kein Ladenschlußgesetz. Die »Kernöffnungszeit« liegt Mo bis Sa zwischen 9 bzw. 10 und 17 bzw. 18 Uhr. In fast allen Shopping Malls trifft man auf Geschäfte, die 7 Tage die Woche 24 Stunden geöffnet haben. Sonntags haben viele Geschäfte nachmittags geöffnet. Banken haben Mo–Fr 9–15 Uhr, Postämter Mo–Fr 8–17 bzw. 18 und Sa 8–12 Uhr Schalterstunden.

Post, Telefon

Briefmarken gibt es bei den staatlichen Postämtern sowie in vielen Hotels und dort, wo auch Postkarten erhältlich sind. Das Luftpostporto für Standardbriefe nach Europa kostet 60 Cent, für Postkarten 50 Cent.

Das Telefonwesen ist Geschäft privater Anbieter. Ohne eigenes Handy muß man ihre Telefonzellen oder Apparate in Hotels und Motels nutzen. Bei Anrufen nach Europa erfordern Telefonzellen viel Kleingeld (etwa 7 $ in maximal 25-Cent-Stücken für die ersten drei Minuten).

Kanutour am Fuß des Cannon Mountain: Wassersportler finden in Neuengland viele Möglichkeiten

Golf ist in Amerika Volkssport

Hotels verlangen häufig eine Kaution und bis zu 300 Prozent Gebührenaufschlag. Einfacher (und preiswerter) ist das Telefonieren mit einer Telefonkreditkarte (calling card), wie sie amerikanische Telefongesellschaften (u. a. Sprint, MCI, AT&T) und die Deutsche Telekom anbieten. Mit einer gebührenfreien Nummer gelangt man ins Netz. Dann gibt man zusätzlich zur Zielnummer noch eine Geheimnummer ein. Die Gebühren werden automatisch dem Konto des Inhabers belastet.

Grundsätzlich ist die eigene Direktwahl immer günstiger als die vermittelte. Die Direktwahl nach Deutschland erfolgt so: 011 (intern. Anschlußnummer) + 49 (Landesvorwahl Deutschland) + 40 (Landesvorwahl, hier Hamburg, ohne erste Null) + örtliche Telefonnummer. Für ein Ferngespräch in den USA wählt man zuerst die 1, dann den dreistelligen Area Code und schließlich die Rufnummer.

Viele Unternehmen in den USA bieten gebührenfreie Rufnummern an, die mit 800 beginnen. Von Deutschland aus sind diese Nummern gebührenpflichtig. Gebührenpflichtige Telefonauskünfte innerhalb der USA erhält man über 1-555-1212. Benötigt man die Auskunft aus einer Region mit einer anderen Vorwahl (area code), so wählt man 1-area code-555-1212. Sollte die Vorwahl nicht bekannt sein oder benötigt man anderweitig Hilfe, so steht der Operator der Telefongesellschaft unter der Nummer 0 zur Verfügung.

Die USA-Vorwahl von Deutschland aus ist 001.

Preise

Die Kaufkraft von Dollar und DM sind in ihren Heimatländern ungefähr gleich groß. Anders als in Deutschland werden Preise in den USA ohne Mehrwertsteuer ausgezeichnet, so daß man diese hinzurechnen muß. Diese Sales Tax variiert von Bundesstaat zu Bundesstaat und kann bis zu 14 Prozent betragen. New Hampshire erhebt keine Sales Tax. Bei höherwertigen Produkten empfiehlt sich der Direktversand nach Europa, weil die so gesparte Steuer über den Portokosten liegen kann.

Sicherheit

Neuengland ist so sicher wie jedes andere Reiseland, wenn man einige universelle Vorsichtsregeln beachtet: Keine Wertgegenstände oder größere Geldbeträge zur Schau stellen oder sichtbar im Auto liegenlassen; nach Einbruch der Dunkelheit nicht alleine durch unbekannte Stadtteile oder Parks gehen; bei Unsicherheit nachts das Taxi öffentlichen Verkehrsmitteln vorziehen; Wertsachen im Hotelsafe abgeben; nachts mit verriegeltem Auto fahren; Taschen oder Koffer nie unbeaufsichtigt lassen; Zimmerschlüssel immer persönlich dem Rezeptionspersonal überreichen. Bei Gefahr sollte man ein Geschäft, Restaurant o. ä. aufsuchen. Bei einem Überfall nicht den Helden spielen, sondern immer Bargeld griffbereit halten und ohne Zögern aushändigen.

Sport

Neuengland ist ein Sportparadies und bietet viele Möglichkeiten.

Baden: Bademöglichkeiten bieten die unzähligen Strände Neuenglands, wobei die Strände von Cape Cod und der Inseln Martha's Vineyard und Nantucket aufgrund ihrer Wassertemperaturen besonders beliebt sind.

Radfahren: Für Radwanderer ist ganz Neuengland geeignet, allerdings landschaftsbedingt mit unterschiedlichen Schwierigkeitsgraden. Schöne Radwanderregionen sind Cape Cod, die Berkshires, New Hampshires Seenplatte, das Northeast Kingdom in Vermont sowie die Penobscot Bay und der Acadia National Park in Maine. Vermont Bicycle Touring (Box 711-AN, Bristol, VT 05443, Tel. 802/453-48 11) bietet Radtouren für alle Altersstufen und Schwierigkeitsgrade an. Das Craftsbury Center (P. O. Box 31, Craftsbury Common, VT 05827, Tel. 802/586-77 67) ist auf Mountain Biker spezialisiert.

Wandern: Der Appalachian Trail (Adressen s. Beitrag zum Trail S. 102/103) und der Long Trail, der quer durch Vermont führt, sind die bekanntesten Wanderwege Neuenglands. Country Walkers, Inc. (P. O. Box 180, Waterbury, VT 05676-0180, Tel. 802/244-13 87) sowie New England Hiking Holidays (P. O. Box 1648, North Conway, NH 03860, Tel. 800/869-09 49) bieten organisierte, mehrtägige Wandertouren an.

Wassersport: An Küste, auf Seen und auf Flüssen läßt sich die gesamte Bandbreite des Wassersports vom Segeln, Surfen, Kajak- und Kanuwandern bis zu Wildwasserexpeditionen ausüben. Maine bietet besonders viele Möglichkeiten, zu denen Maine Sport (Rt. 1, Rockport, ME 04856, Tel. 207/236-87 97) Informationen liefert (weitere Adressen Reise-Info Maine, S. 99/100).

Wintersport: Außer Rhode Island bieten alle Neuengland-Staaten Möglichkeiten für Langlauf- und Abfahrtski. Die Broschüren der Fremdenverkehrsämter liefern alle notwendigen Informationen zu den Skigebieten ihres Bundesstaates.

Unerbittlich im Ernstfall, aber unbedingt kinderfreundlich: State Police in Boston

Unterkunft

Neuengland hat für jeden Geschmack und jedes Portemonnaie die richtige Unterkunft.

Bed & Breakfast: Inns und Bed & Breakfast-Pensionen sind in keiner Weise standardisiert. Ihre häufig schönere Lage in historisch gewachsenen Wohnbezirken und die individuelle, oft sehr gemütliche Gestaltung der Räumlichkeiten macht den Reiz dieser Unterkünfte aus. Nicht nur Zimmer- und Bettengröße variieren, auch Telefon und Fernseher gehören nicht zur historischen Aufmachung. Bäder werden gelegentlich von mehreren Gästen geteilt. Der Vorteil dieser individuellen Übernachtungsart ist der persönliche Kontakt zu Gastgebern und anderen Gästen. Häufig können die Gastgeber auch wertvolle Tips zur Region geben. Da die oft höheren Preise keine Garantie für Qualität sind, lohnt es sich, vorab einschlägige Reiseführer oder einen der vielen Bed & Breakfast-Führer zu konsultieren.

Camping: Das Netz an Campingplätzen ist dicht. Meist einfacher ausgestattet sind die von Parkverwaltungen geführten Campingplätze. Sie liegen dafür häufig schöner als private Campingplätze, die tendenziell mehr Komfort bieten, den v. a. Wohnmobilreisende zu schätzen wissen, die Strom-, Wasser- und Abwasseranschlüsse wünschen. Der »Rand McNally Campground Guide« oder »Woodall's Campground Directory« sowie die offiziellen Guidebooks führen alle Campingplätze auf. KOA, Campgrounds of America, geben einen Katalog heraus (Billings, MT 59114-0558, Tel. 406/248-74 44).

Hotels, Motels: Hotel- und Motelketten bieten oft einen Standardkomfort, der in

Ein beliebtes Angelrevier ist der Strand von Provincetown auf Cape Cod

den meisten Fällen vor Überraschungen schützt. Größere Zimmer sind in der Regel mit zwei Doppelbetten ausgestattet, in denen bequem 4 Personen unterkommen. Frühstück ist meist nicht inbegriffen, allerdings wird gelegentlich ein kleines Selbstbedienungsbuffet (Complimentary Breakfast) angeboten. Gehobenere Hotels und Motels besitzen häufig auch ein Restaurant und einen Pool- und Fitneßbereich. Häufig bieten Hotel- und Motelketten Rabattangebote, die in Informationsbüros für Touristen ausliegen. Auch die Mitgliedschaft beim AAA, dem amerikanischen ADAC, beschert Rabatte.

Jugendherbergen: Eine Übersicht über amerikanische Jugendherbergen bietet der Deutsche Jugendherbergsverband im Internationalen Jugendherbergsverzeichnis, das im Buchhandel oder direkt beim Deutschen Jugendherbergswerk erhältlich ist (DJH, Postfach 1455, 32754 Detmold, Tel. 05231/7401-42).

Reservierungen sind dort erforderlich, wo Saison herrscht: Im Sommer an der Küste, im Herbst und insbesondere zum Columbus Day Weekend in ganz Neuengland, im Winter in den Skigebieten. Vorausbuchungen von Deutschland können billiger sein, binden aber an feste Routen. Bei der Reservierung vor Ort sind oft die lokalen und regionalen Fremdenverkehrsbüros behilflich. Ein günstiger Zeitpunkt, bei Unterkünften nach freien Zimmern nachzufragen, ist nachmittags, wenn viele Buchungen storniert werden. Adressen von Unterkünften und allen Fremdenverkehrsbüros finden sich in den jährlichen Guidebooks der staatlichen Fremdenverkehrsbüros.

Veranstaltungen

Neuengland ist die kulturelle und historische Wiege der USA, entsprechend groß ist das Angebot an Museen, historischen Sehenswürdigkeiten und kulturellen Einrichtungen. Auch viele kleinere Ort sind stolz auf ihre Traditionen. Feste und Festivals sind dort ebenfalls Ausdruck lokalen Selbstbewußtseins und besitzen häufig viel Lokalkolorit.

Die Guidebooks oder separate Veranstaltungskalender der staatlichen Fremdenverkehrsbüros listen detailliert alle »Events« eines Jahres auf. Boston ist selbstverständlich ein Festival- und Veranstaltungsmagnet. Einige saisonale Schwerpunkte: im März/April ist Erntezeit des Ahornsaftes, aus dem Ahornsirup gewonnen wird. Farmen und Museumsdörfer laden dann zur Besichtigung ein. Sommerzeit ist Kulturfestivalzeit. Höhepunkt ist das Berkshire Music Festival in Tanglewood (MA). Wichtig ist auch der Unabhängigkeitstag (4. Juli), der besonders in Boston begangen wird. Antiquitäten- und Kunsthandwerksmessen haben das ganze Jahr über Saison. Zur herbstlichen Blattverfärbung halten Foliage- und Erntedankfeste Einzug. Auch Oktoberfeste sind unvermeidlich in den USA. Authentisches Neuengland bietet sich auf ländlichen Country Fairs, derbe bis farbenfrohe Mischungen aus landwirtschaftlicher Leistungsschau und Kirmes.

Verkehrsmittel

Auto: Das Auto bietet die besten Möglichkeiten, Neuengland zu erkunden. Aber auch, wenn man sich für längere Zeit an einem festen Ort einquartiert, spürt man in den USA schnell die Abhängigkeit vom Auto. Es sei denn, das Urlaubsziel heißt Boston. Die Stadt ist eine ausgesprochene Fußgängerstadt mit sehr guten öffentlichen Verkehrsmitteln. Empfohlen sei der Mietwagen deshalb erst nach dem Besuch Bostons für die Fahrt ins Land.

Empfehlenswert ist die Buchung von Europa aus. Die großen Mietwagenagenturen bieten umfassende Versicherungspakete, die schon in Europa mitgebucht werden können. Drei Komponenten sind wichtig: Vollkaskoschutz (CDW, Collision Damage Waiver), Ausfalldeckung (UMP, Uninsured Motorist Protection) und Erhöhung der Mindestdeckungssumme der KfZ-Haftpflicht für das angemietete Auto (ALI, Additional Liability Insurance).

Bei der Automiete sollte auf eine unbegrenzte Kilometerpauschale (unlimited mileage) geachtet werden. Jeder weitere Fahrer kostet zwar mehr, sollte aber aus versicherungstechnischen Gründen angemeldet werden. Vorliegen muß ein gültiger Führerschein. Einwegmieten sind teurer als die Rückgabe des Wagens am Ausgabeort. Günstiger ist es auch, den Wagen vollgetankt zurückzugeben.

Mystic Seaport: Lehrreich und unterhaltsam sind die vielen Freilichtmuseen Neuenglands

Eisenbahn: Amtrak bietet tägliche Fernbahnverbindungen zwischen Boston, New York, Montreal und Chicago mit verschiedenen Zwischenstopps in Neuengland. Zur Sommersaison wird auch Cape Cod angefahren (Amtrak, Tel. 800/872-72 45). Netzkarten (z. B. 15 Tage Railpass 165 $, im Sommer 185 $) bekommt man nicht in den USA, sondern bei der Amtrak-Generalagentur Meso-Amerika-Kanada-Reisen (Wilmersdorferstraße 94, 10629 Berlin, Tel. 0180/5 25 43 50, Fax 0180/5 25 43 51).
Busse: Buslinien erschließen Neuengland besser. Die folgenden Busgesellschaften verkehren in Neuengland: »Greyhound Lines« (Tel. 800/231-22 22), »Peter Pan Bus Lines« (Tel. 800/237-87 47), »Concord Trailways« (Tel. 800/639-33 17), »Bonanza« (Tel. 800/556-38 15) und »Vermont Transit Lines« (Tel. 800/451-32 92). Greyhound-Netzkarten (z. B. 7 Tage 255 DM) gibt es nicht vor Ort, sondern in deutschen Reisebüros. Generalagentur: ISTS Intercontinental, Türkenstraße 71, 80799 München, Tel. 089/27 27 10.

Zeittafel

Ab ca. 7000 v. Chr.
Erste Indianer als Jäger und Sammler.

1497
Giovanni Caboto nimmt das Land zwischen Neufundland und dem heutigen Virginia für England in Besitz.

1607
Der erste englische Besiedlungsversuch am Kennebec River scheitert.

1614
John Smith prägt den Namen Neuengland.

1616-17
Von Siedlern eingeschleppte Krankheiten dezimieren die indianische Küstenbevölkerung in zwei Jahren von 100 000 auf 5000.

1620
Die Besatzung der »Mayflower« geht im Dezember im heutigen Plymouth vor Anker und gründet die erste dauerhafte Siedlung in Neuengland.

1630
Die Puritaner gründen unter John Winthrop Boston und Cambridge.

1636
Harvard College in Cambridge ist das erste höhere Bildungsinstitut auf amerikanischem Boden.

1643
Die Kolonien Massachusetts, Plymouth, Connecticut und New Haven bilden die Confederation of New England.

1675–76
King Philip's War: Unter Wampanoag-Häuptling Philip führen fünf Indianerstämme Krieg gegen die Besiedlung Neuenglands. Der Widerstand der Indianer wird endgültig gebrochen.

1692
Hexenprozesse in Salem.

1756–63
Neuengland wird zum Nebenkriegsschauplatz des Siebenjährigen Krieges. England erhält die Kontrolle über Kanada und das Territorium östl. des Mississippi.

Im Salem Witch Museum wird die Hexenhysterie von 1692 mit Puppen nachgestellt

1773
Als Indianer verkleidete Einwohner von Boston stürmen am 16.12. auf der Boston Tea Party englische Schiffe und werfen aus Protest gegen die englische Teesteuer 342 Kisten Tee in den Hafen.

1775
Am 19.4. beginnt in Lexington und Concord der Unabhängigkeitskrieg.

1776
Vom Old State House in Boston wird die Unabhängigkeitserklärung am 18.7. zum ersten Mal öffentlich in Neuengland verlesen.

1788
New Hampshire ratifiziert als neunter Staat die amerikanische Verfassung, die damit angenommen ist.

1820–60
Wohlstand durch Walfängerei, Überseehandel und Industrie.

1861–65
Amerikanischer Bürgerkrieg.

Ab 1918
Die Textilindustrie wandert im großen Stil in die Südstaaten ab.

1944
In Bretton Woods (NH) legen 44 Staaten den Grundstein für den Internationalen Währungsfonds und die Weltbank. An der Harvard University wird der erste Computer der USA patentiert.

1961–63; 1966
John F. Kennedy aus Boston ist der erste katholische Präsident der USA. Edward W. Brooke erster schwarzer Senator.

1996
Die in Connecticut ansässigen Mohegans eröffnen in Uncasville eines der größten Kasinos in den USA und eifern damit den Mashantucket-Pequot-Indianern nach, die 1992 das riesige Foxwoods Casino errichtet hatten.

Stand der Angaben: September 1997.

QUÉBEC
Charlesbourg
Lévis
MONTRÉAL
LONGUEUIL
Laval
Trois-Rivières (Three Rivers)
Shawinigan
Sorel
Joliette
Drummondville
Victoriaville
Thetford Mines
Sherbrooke
Granby
Magog
La Tuque
Edmundston
Presque Isle
Caribou
Houlton
Bangor
Augusta
Waterville
Lewiston
Auburn
Brunswick
Bath
Burlington
Montpelier
Plattsburgh
Mt. Katahdin
Mt. Washington
Acadia Nat. Park
Adirondack Mountains
Gulf

of Maine
Yarmouth (Nova Scotia)
BOSTON
NEW YORK
Statue of Liberty
ALBANY
HARTFORD
PROVIDENCE
WORCESTER
SPRINGFIELD
NEW HAVEN
BRIDGEPORT
STAMFORD
WATERBURY
YONKERS
PATERSON
NEWARK
JERSEY C.
ELIZA-BETH
Portland
Concord
Manchester
Nashua
Lowell
Lawrence
Cambridge
Quincy
Brockton
Framingham
Chicopee
Pawtucket
Cranston
Fall River
New Bedford
Schenectady
Troy
Pittsfield
Massachusetts
Connecticut
Rhode Island
Long Island
Long Island Sound
Cape Cod
Cape Cod Bay
Cape Cod Nat. Seashore
Martha's Vineyard
Nantucket
Block Island
ATLANTIC OCEAN
Autobahn, mehrspurige Straße - Gebührenpflichtige Straße
Fernverkehrsstraße - Hauptstraße - Nebenstraße
Straßennumerierung
Entfernungen in mi. (USA), in km (CDN)
Eisenbahn - Autofähre - Schiffahrtslinie
Wichtiger internationaler Flughafen - Flughafen
Hauptstadt eines souveränen Staates
MONTREAL
Besonders sehenswerter Ort
NEW YORK
Indianerreservat - Nationalpark
Internationale Grenze - Provinzgrenze - Zeitzonengrenze
Maßstab 1:2.000.000
0 20 40 60km
CANADA
QUÉBEC
ONTARIO
NEW BRUNSWICK
PRINCE EDWARD I.
MAINE
NEW YORK
PENNSYLVANIA
USA
VIRGINIA
WEST VIRGINIA
NORTH CAROLINA
NEW JERSEY
CT. Connecticut
DE. Delaware
N.H. New. Hampshire
MA. Massachusetts
MD. Maryland
R.I. Rhode-Island
VT. Vermont

Register

Seitenzahlen, die auf Infoseiten hinweisen, sind **fett** gedruckt. Die Koordinaten in Klammern beziehen sich auf die Karten Seite 25 und 112/113.

Bereits erschienen

1 Türkei – Südküste
2 Kalifornien
3 Tunesien
4 Thailand
5 New York
6 Türkei – Ägäisküste · Istanbul
7 Island
8 Marokko
9 Karibik
10 Hongkong
11 Florida
12 Bali · Lombok · Java
13 Kanadas Westen
14 Moskau
15 Kenia
16 Ägypten
17 Israel
18 Neuseeland
19 Singapur · Malaysia
20 New Orleans und die Südstaaten
21 Mexiko
22 Südafrika · Namibia
23 Japan
24 Hawaii
25 Himalaya
26 USA – Südwesten
27 Australien – Ostküste
28 Venezuela
29 Jordanien
30 Brasilien – Rio und die Küste · Minas Gerais
31 USA – Nationalparks
32 Kanadas Osten – Québec · Ontario
33 Kuba
34 Sri Lanka und Malediven
35 Nordkalifornien · San Francisco
36 Vietnam
37 USA – Südstaaten · Washington D. C.
38 Südsee
39 Südindien
40 Mittelamerika – Guatemala · El Salvador · Honduras · Belize
41 Syrien
42 Südkalifornien · Los Angeles
43 Peking
44 Argentinien
45 Australien – Melbourne · Tasmanien · Der Westen
46 Neuengland · Boston

In Vorbereitung

47 Jemen
48 Chicago und die Großen Seen
49 Südkorea

Impressum

Verlag:
HB Verlags- und Vertriebs-Gesellschaft mbH, Alsterufer 4, 20354 Hamburg, Postfach 30 06 60, 20347 Hamburg, Tel. 040/4151-04, Telefax 040/4151-32 31.
Geschäftsführer:
Kurt Bortz, Jonny Bülow, Dr. Joachim Dreyer

Redaktion und Produktion:
Harksheider Verlagsgesellschaft mbH, Fabersweg 1, 22848 Norderstedt, Postfach 52 49, 22822 Norderstedt, Tel. 040/52 88 62-0, Telefax 040/5 23 40 56
Redaktion:
Ulrike Klugmann (verantwortlich)
Jörg Gensel

Text: Onno Reiners, Köln
Fotografie: Jörg Modrow, Hamburg
Grafische Gestaltung:
Gerhard Keim, Frankfurt/Main
Kartografie:
Seite 112/113: © RV Reise- und Verkehrsverlag, München und Stuttgart
Kartographie: © GeoData, Geographische Datenbanken, Stuttgart
Seite 25: Kartographie Huber, München, aus Merian Live »Neuengland«
© Gräfe & Unzer, München
Für die Richtigkeit der in diesem HB-Bildatlas Special angegebenen Daten – Adressen, Öffnungszeiten, Telefonnummern usw. – kann der Verlag keine Garantie übernehmen.
Nachdruck, auch auszugsweise, nur mit ausdrücklicher Genehmigung des Verlages.
Erscheinungsweise: zweimonatlich

HB-Bildatlas Special Fotoservice:
Harksheider Verlagsgesellschaft mbH, Postfach 52 49, 22822 Norderstedt, Tel. 040/52 88 62-22, Telefax 040/5 23 40 56

Vertrieb Zeitschriftenhandel:
Partner Pressevertrieb GmbH, Postfach 810420, 70521 Stuttgart, Telefon 07 11/72 52-227, Telefax 07 11/72 52-310
Vertrieb Abonnement und Einzelhefte:
Zenit Pressevertrieb GmbH, Postfach 8106 40, 70523 Stuttgart, Telefon 07 11/72 52-198, Telefax 07 11/72 52-333
Vertrieb Buchhandel:
Mairs Geographischer Verlag, Marco-Polo-Zentrum, 73760 Ostfildern, Telefon 07 11/45 02-0, Telefax 07 11/45 02-340

Anzeigenalleinverkauf:
KV Kommunalverlag GmbH, Postfach 8105 65, 81905 München, Telefon 089/92 80 96-24, Telefax 089/92 80 96-20

Reproduktionen:
Otterbach Repro GmbH & Co., Rastatt
Druck und buchbinderische Verarbeitung:
Klett Druck H. S. GmbH, Korb
Printed in Germany

ISBN 3-616-06446-5

Titelbild: Kürbisarrangement in Camden